活眼 活学

［増補新版］

安岡正篤

PHP

増補新版への序

私にとって、祖父である安岡正篤の著作『活眼 活学』が、このたび、生前の講義を増補して、装いも新たに刊行されることになりました。

安岡正篤という人間の魅力は、師と仰ぎ、信奉して下さった多くの方々が云われるように、深い東洋の哲理に根ざした人間学、人物学に尽きると思っております。

数ある著作のなかで、本書は書名の通り、「活眼・活学」を備えることが、人物を修めるうえで非常に重要性をもつことを示唆するものですが、新たに増補した講義も含め、改めて読み返してみますと、いまの時代にも通用することが存分に言及されているように思われます。

現在のグローバル社会を眺望すると、米国をはじめとする世界の先進国が「統合と分断」に揺れております。一方で、多くの企業人の尽力により、多様性や持続可能な成長を

望む動きも活発化されてきているように思われます。その現実を目の前にしているかのような、次のような発言が本書には記されております。

「本当の意味の世界的発展というものは、やはりその中に限りなき多様性・進化性、いわゆるヴァライエティ variety とかディヴァーシティ diversity とかいうものを持たなければならない。それでなければ本当の意味の造化にならない。活世界にならない。それはどういうことかというと、やはり各国民は各国民として行き過ぎたナショナリズムになってはならないが、ナショナリティ・国民性・民族性というものはあくまでも尊重し、よくこれを磨き出さなければならない――ということになるのであります」（78頁）

また近年は、SNSの発達により、世界中の一個人が、「自分にできる社会貢献をしよう」という心持ちを積極的に発信し、国家という枠を超えて、どの国の人とも共鳴し、心を寄せあい、行動に移すことが可能な時代になってきました。

そうしたなかで、祖父・安岡正篤が本書のなかでも説いている「一燈照隅」「万燈照国」のような日本の伝統的精神も、ますます輝きを増してくるように思われます。「我々のささやかな一燈は一隅を照らすに過ぎぬものであっても、千燈萬燈と遍照すれば、國を照らす」（214頁）と、祖父は確信しておりました。その確信は、同時代だけでなく、時代を超えて響き合うものだということを、私たちは感じずにはいられません。

二〇二〇年は、全人類にとって記憶に深く刻まれる年になりました。世界中が、コロナ禍に苛まれ、東京オリンピックも延期されるという事態に陥りました。

個々人の行動意識や倫理観、社会の一員であるという自覚といったものが、いっそう問われるようになった世相のなかで、安岡教学の真髄が平易に説かれた入門書ともいえる『活眼 活学』が、PHP研究所より改めて刊行されることを、まことに時宜を得たものと喜ばしく思っております。

一九八五年に初版が刊行されてから、三十五年もの月日が経ちますが、その間、版を重ね続け、文庫版・新装版も含めると、二十万部を超える発行部数に達しているとのことです。主に政財界のリーダーに支持された祖父でしたが、スポーツ界においても、例えば本年二月に急逝された野球界のレジェンド・野村克也氏も、現役引退後の転機において、本書を薦められ、読まれたそうです。「目を見ひらかされ」る機会になったと自著『リーダーとして覚えておいてほしいこと』（ＰＨＰ研究所刊）にも記されておられます。

そのように、多くのすぐれた各界の指導者の方々から永らく支持を得てきた本著作が、今後もより多くの方々に絶えず活読される書となりますことを念じてやみません。

二〇二〇年九月

公益財団法人郷学研修所・安岡正篤記念館理事長　安岡定子

［増補新版］活眼　活学――目次

二　人生心得

三　座右銘選話

補講

写真提供◎安岡定子
装丁◎上野かおる

記

一、本書は、一九八五年七月にＰＨＰ研究所より刊行された作品の増補新版です。

一、増補新版を刊行するにあたって、「補講」として、公益財団法人松下政経塾での生前の著者の講義「縁を尊び、果報を生む」（一九八〇年五月二二日）を収録しました。

一、「補講」を除く本書の各編は、全国師友協会の月刊誌『師と友』に掲載されたものです（場合によって、一部を削除したものもあります）。同誌からの収録にあたっては、元全国師友協会常務理事・林繁之、事務局長・山口勝朗両氏のご協力を得て、ＰＨＰ研究所が編集を行ないました。

一、文字表記は、引用箇所以外は原則として新字体・現代仮名づかいを使用しました。なお現代の言いまわしにそぐわないと思われる用語・表現については、増補新版に際しても、講話当時の時代背景に鑑み、ほとんどそのまま表記しています。

一　活眼・活学

肉眼と心眼

潜在エネルギーと顕在エネルギー

「肉眼と心眼」というような意味をもって、日本の内外の大切な問題をお話し申し上げましょう。

人間は特に目が大切であります。即ち物が見えなければなりません。それも単なる肉眼では目先しか見えません。それではすこぶる危険であります。我々は外と同時に内を見、現在と同時に過去も未来も見、また現象の奥に本体を見なければなりません。仏教の方でも「五眼《ごげん》」ということを説いております。肉眼《にくげん》、天眼《てんげん》、慧眼《えげん》、法眼《ほうげん》、仏眼《ぶつげん》と申しますが、とにかく肉眼《にくがん》以上のものを心眼といたしておきましょう。それで見ますと、我々の生活も宇宙の活動も結局一つのものでありまして、宇宙をよくマクロコズム macrocosm と申しますが、我々の存在、我々の生活は、それに対して申しますればミクロコズム microcosm（小宇宙）であります。マクロとミクロと、つまり大と小との違いこそあれ、その本質においては共に同じコスモス cosmos（宇宙）であります。もしこれに科学的解釈を与えますならば、いずれもエネルギーの運動であり、変化であるということもできるのであります。

ところが、このエネルギーというものが我々の身体に発動しておることについては、随分誤解があるようであります。優れた新しい科学者の話を聞きますと、我々に意外な感じがするほど、しかもこの非常に新しい研究が、非常に古い、従来我々が親たちから聞かされておったことの新しい証明になる点において、限りなく興味があることでありますが、我々の生活を支配しておる、あるいはその内容を成しておるこのエネルギーの作用には、潜在エネルギーと顕在エネルギーの二種があるのであります。

我々の体格とか肉づき、栄養といったようなものは、これは現われておるエネルギーであります。ところが、そのように現われ、明らかに外面に出ておるエネルギーは、その人に存する全エネルギーの極めて一小部分でありまして、むしろ顕在エネルギーよりも潜在しておるエネルギーの方が遥かに強い力、大きな存在であるのであります。それはちょうど氷山と同じことで、水面に現われておる部分はごく一小部分であって、水面下に潜在しておる部分の方が、少なくとも水面に現われているものの八倍くらいはある。そこでうっかりしてよく氷山にぶつかって船が沈没するそうであります。それだけ潜在面が大きい。我々の潜在エネルギーも、このような非常に強い力を持っておるのであります。

そこで案外、顕在面で、いわゆる見てくれにおいて堂々たる体格をしておる人間が、それに相応して潜在エネルギーも旺盛であるとよいのでありますが、人間は氷山と違って、見てくれは堂々としながら、この潜在エネルギーの面においては案外貧弱な人があるものです。こういう人はえらく立派な体格をしておって、どんなに丈夫かと思うと、いやに病気をしやすかったり、頓死をしたり、「へえ、あの男が参ったかね」というようなことをやったり、乃至《ないし》は図体にも似合わず、ちょっと働くとすぐフウフウいったり、精力が続かなかったり、「大男総身に知恵が回りかね」ということもありますが、知恵ばかりでなく精力も回りかねる、だらしのないのが多いのであります。これはその潜在エネルギーが貧弱なのであります。

ところが、見かけはまことに弱そうに見えながら、何かやらせると非常に精力的な不屈不撓《ふとう》の人もおります。これは顕在エネルギーは貧弱であるけれども、氷山みたいに潜在エネルギーが旺盛なのです。どうも人間は自然の物質よりも複雑で、どちらかというと、見てくれのいい人よりも、見てくれのさほどでない人に潜在エネルギーの旺盛な人が多いものであります。「柳に雪折れなし」などというのも、そういう意味において相通ずるものがあります。

歴史を見ましても、英雄とか哲人とかいわれる人に、案外見てくれのそれほどでない人が多いものであります。この間も久し振りに「忠臣蔵」の映画を見たのでありますが、あの大石内蔵助《くらのすけ》などという人も、劇などではまことに堂々たる風格の人のように扱われておりますが、実際は歴史家の話によりますと、実は案外それほどでない、貧弱といっては悪いかも知れませんが、あまり風采は上がらなかった人のようであります。しかし見る人が見たならば、それはすぐ分かりましょう。つまり心眼で見ればすぐ分かりましょう。

このごろいろいろ小説家の作品で有名になりました『三国志』。あの中に立役者の曹操《そうそう》という英雄がおります。皆さんの中にも『三国志』の愛読者がありましょうが、当時、今の四川《しせん》の方に勢力を秘めていたのが劉備《りゅうび》と諸葛孔明、北支一帯を支配したのが曹操であります。曹操などは、中国史四千年の歴史上大英雄といわれる人物であります。それが今の話で、そんなに風采の上がらない方の人でありました。

そこでこの英雄、英雄というものはとかく虚栄心の強いもので、いつの時代でもそうですが、ムッソリーニでもヒットラーでもスターリンでも、なかなか虚栄心が強かった。曹操もやはり虚栄の強い人でありまして、殊《こと》に自分の風采の上がらないということを苦にして、ある時、彼に服従した一勢力の使者が参りまして、初めて謁見いたしました時に、彼はわざと、自分の家来の中から一番風采の立派な人物を自分に化けさせて、自分はその侍従になって、傍について謁見式をやりました。その使者がなかなかの人物でありまして、謁見式が終わって引き下がったその控室で、接待の家来が「どうですか、今日君公にお目にかかった御印象は」と聞きましたところが、「さすがに曹公は御立派な方にお見受けしましたが、しかしあの曹公の傍におられた侍従は、ありゃ偉い人ですなあ」と言って感心いたしましたので、びっくりしてそのことを報告いたしましたら、曹操がニヤリと笑って「それはなかなか容易ならん奴じゃ。そういう奴を無事に返せば大変なことになる」と言って、捕えてしまったという話がございます。

見る人が見れば分かるのでしょうけれども、見てくれと内実、顕在面と潜在面とは案外釣り合わないものでありまして、肝腎なことは、その潜在エネルギーが顕在的なものより遥かに旺盛である、充実しておるということであります。人間の健康から申しましても精神から申しましても、あるいはまた植物の栽培から申しましてもそうでありまして、やはり根を培養することが深くないと、フラフラと麦が徒長したようなものになってしまっては、これは駄目であります。だから、優れた栽培家は、常に枝を剪定したり、花や実を間引いたりして、根の力を強くし、根の培養を深くするよう苦心するものであります。我々も、常にこの潜在エネルギーを培養するように留意しなければなりません。

我々はいかにして潜在エネルギーを培養するか

ところが、いかにしてこの潜在エネルギーを培養するかということになりますと、これは植物栽培において、肥料、土壌などに非常な苦心を要するのと同じように、我々も肥料、土壌に周到な注意を払わなければならない。ということはどういうことかと申しますと、単純ではいけないのであります。複雑な用意が要るのであります。もっと徹底して申しますと我々や親たちの心掛けや生活がどうであったか、ということが、よほど子孫の潜在エネルギーに響いてくるのであります。

今日の遺伝学の研究によりますと、約五千人前の先祖の特質がその五千人目の子孫に現われておる。そこまで実験されておるそうであります。だから遺伝というものは恐ろしいもので、なあに、子孫のことなど知ったものか。俺は俺で好《い》いように暮らすんだという刹《せつ》那《な》主義者は、これは実に非科学的なのであります。非道徳的とか非哲学的とか言う前に、非科学的であることが、今日の遺伝学、今日の科学で実証されておるのであります。そのように、我々は平生の心掛けというものが、我々の潜在エネルギーに非常に影響するのであります。

そこで、だんだん賢明な学者や実際家の研究をいろいろ注意しておりますと、大変教えを受けることが多いのですが、例えば、皆さんがこれからどんどん成長し発達していかれる、俗な言葉で言えば成功してゆかれるのにも、銀行員であれば銀行の仕事さえ几帳面にやっておればそれで良いかというと、決してそう簡単にはゆかないのであります。人間というものは一つには自然の存在でありますから、自然の法則にも支配されるので、我々の精神や生活が単調になりますと、物の慣性・惰力と同じ支配を受けまして、じきにエネルギーの活動が鈍ってくるのであります。つまり人間がつまらなくなってくるのであります。眠くなってくるのです。

よく言うことですが、平たい言葉に案外妙味がありますが、「彼奴《あいつ》は眠たい奴で、彼奴と話をしておると眠くなる」というような人間がよくあるものであります。つまり内容のない、決まりきった人間になってしまうと、精神活動が鈍ってしまう。惰力的に生きて、創造的――よく言うクリエイティヴに生きない。眠くなってしまう。

私がドイツを旅行いたしまして、戦争直前でありましたが、初めてドイツの大道路を見てびっくりいたしました。これはヒットラーが最も苦心をしたもので、国内縦横に実に見事な大道路が坦々として一直線に延びておる。この道路の発達には全く驚きましたが、ところがその坦々たる大道において交通事故が案外多いのであります。ということは、あまりにも単調でありますから、運転手がつい眠くなってしまうのであります。そこで大道において事故を起こす。だからドライブをする時には始終運転手に話しかけたり、とにかく注意して運転手を眠らさんよう、そもそも自分も眠らないように注意しなさいということをよく言われましたが、道というものも少し紆余曲折をつける。あるいは道路に緑地帯を置くとかロータリーをつけるとかして、いろいろ変化を与えないと、面白い安全なドライブにならないということが分かって、せっかく作った坦々たる大道にどう変化を与えるかということで、今度は技師がまたえらい苦労をしておるという話を、当時しばしば聞かされたことであります。

皆さんも成功されるのに、あまり単純に考えておられると、今の話のように、相当大人物にできておっても、ヒットラー道路みたいなことになってしまって、しばしば衝突・破壊を招くようなことになる。途中で寝てしまって一向つまらない人間になってしまうという危険もあるわけであります。

それを防ごうとするならば、いろいろの心掛けが必要となるわけですが、なかんずく、やっぱり良い師友、良い先生や友達を持つ、つまり交際に注意をするということが第一であります。同じような人間が、同じような生活をして、そういう連中だけが附き合っておっても物にならないのであります。毎日見慣れておる顔を見て、決まりきった話をして、決まりきった生活を繰り返しておるために、だんだん無内容、無感激、いわゆる因習的マンネリズムというものになってしまう。できるだけ生活内容を異にした友達に交際を持つ。そうして浅はかに考えると一向自分たちの生活や仕事に関係のないようなことでも興味を持ち、注意をしてこれに接する。つまりなるべく広く味のある、変化に富んだ良い交友を豊かに持つという心掛けが、まず第一に必要であります。

我々の仕事は、案外思いがけない示唆によって活気を与えられる。思いがけない人から、思いがけない話を聞いて、その話が思いがけない影響、示唆、ヒントを自分に与えて、それが仕事に非常に生きるものなんであります。あんな奴は別に俺の仕事に関係のある人間じゃないから附き合う必要なんかない。俺は銀行員だから、銀行のことさえ考えておればいいんだという考えは、利口なようで実は馬鹿な考えであります。物をあまり単純化するということは、これは一面において案外危険であります。ところがなかなか現実の生活に忙しい我々が、そういう意味合いにおいて良い附き合いを多面的に持つ、豊かに持つということは、言うべくして容易に得られないことであります。これは心掛け一つでいくらでもできると言えばできるものの、やはり肉眼では駄目で、心眼が開いてこないと難しいことであります。

そこで、その次に大切なことはと申しますと、やはりどうしても読書をするということ、良い書を読むことであります。読書も、つまらない時間つぶし、気晴らしというような読書では駄目、我々の人間味というもの、我々の内面生活というもの、つまり我々の表、社会生活というものから隠れておる潜在面、即ち精神生活というものに得るところのある人間的教養の書物というものをできるだけ豊かに持つということであります。

これは非常な効果があるもので、それは銀行人、経済人だから、銀行に関する知識・技術、経済に関する、産業に関する知識・技術、そういったものに関する書物が皆さんにとって一番親しみやすい、また手に取りやすいものであるには相違ないが、それだけでは案外駄目なのでありまして、一見それに関係がないようでありながら、しかしそれが人間としての皆さんの内面生活を豊かにするような書物はむしろ、より以上にこれに親しむ、これを愛読する。そういう世界のことにも静かに心を傾けてみることが潜在エネルギーを豊かにして、我々の社会的活動、人間的存在というものに生命を附与する。平たい言葉で言うならば、いつまでも歳を取らないで、いつまでも頭が古くならないで、世間から重んぜられ、大切にされる秘訣であるということもできるのであります。

第二次大戦後の世界の動きというものを注意して心眼を開いておりますと、もとよりそこにはいろいろな問題がありますが、このお話に関連して、私は戦後の著しい現象として三つの大きな問題を列挙いたしたいと存じます。

戦後世界の著しい現象

その一つは、物質の化合も同じことでありまして、大きなショックの後にいろんな面白い創造が、意外ないわゆるクリエーションが行なわれる。戦争も同じでありまして、戦争は一面に大破壊を演じますが、それと同時に思いがけないものを創造することもあるのであります。

その一つとして、今日識者が注目いたしております大問題は、西洋文明と東洋文明との融合というものであります。第一次大戦後も西洋文明の行き詰まりということが論ぜられて、西洋文明の行き詰まりを救うものは東洋文明である、東洋文化であるとよく言われました。しかし前大戦に比べますと、第二次大戦後は、それと比較にならんほど、その意味において盛んになりまして、西洋文明の行き詰まりということも、前大戦後に比べると一段と深刻でありますだけに、これは何とかして新鮮・活潑《かっぱつ》なエネルギーを回復しなければならない。それにはどうしても、東洋文明、東洋文化というものをもっと取り入れなければならんというので、東西文化の比較研究、あるいはその融合というようなことが盛んに行なわれております。これは第二次大戦後の確かに著しい現象であります。

それから世界の政局も、今までは圧倒的にヨーロッパが檜舞台であったのでありますが、これは皆さんも気がついておられるでしょう、第二次大戦後は非常にアジアが、特に極東が正に世界の檜舞台になりつつあるのであります。例えば（旧）ソ連の世界革命政策の如きも、先年まではやはり主力をヨーロッパに置いておったのであります。ところがこのごろは、皆さん御承知でありましょうが、毛沢東文書というものが識者の間にかなり知られておりまして、それはスターリンが死んだ時、ソ連に出かけて行くのに携えていった毛沢東の政策書類のことでありますが、これが探知されて大体の内容が報道され、アメリカでも上院のノーランド議員が発表したものであります。それによりますと、ソ連の世界革命活動は、ヨーロッパにおいては一つの山にぶつかっておる。難関にさしかかっておる。当分ヨーロッパにおいては、相撲でいうと水が入ったというような状態になっておる。これに比べるとアジアはまだ処女地である。今後はどうしても、世界革命工作の一番力を入れるべき目標がアジアにある、という点を毛沢東が力説している。事実アジア赤化工作が非常に活潑になりました。例えば従来かつてなかったことでありますが、今度の中共の革命記念日、（編集部註・昭和三十三年）十月一日の如きは、ソ連からいろいろの重要な人物、軍政両面の大物が北京に参りました。

思想的・文化的にもそうでありまして、東洋というものが新たに脚光を浴びて登場して参りました。イギリスやフランス、アメリカなどにおける東洋研究は、実に盛んなものでありますす。まごまごしておると、外国語から翻訳して我々が東洋文化を研究しなければならないというようなことになるかも知れない。この世界の形勢に対して、一番指導的役割を演じ得るのが日本である。というのは、日本においては神道ばかりでなく、儒教も仏教も老荘も、皆日本に集中してきておるからであります。だから今後の新しい世界文明に対しては、日本人がいい条件を持っているはずなんですが、ところがその日本人は、東洋文明というものに対して、まことに冷淡なことは意外なほどであります。これはとんでもないお恥ずかしいことであります。

東西文化融合の時代と無臍人

おおよそ日本人くらい自国の歴史や民族文化をお粗末にしておるところは、ちょっと類がありません。若い世代の人々は、先祖の文化というものを、お伽噺《とぎばなし》から始めてだんだん忘却しております。

いつでありましたか、早稲田の高等学校の試験に「坪内逍遙」、早稲田といえば坪内逍遙、これは早稲田の一つのシンボルでありますのに、坪内逍遙とは「庭の中を散歩すること」だなどという答が出ました。もとより堂々たる国会において代議士が、「毛沢東」のことを「ケザワヒガシ」などと言うのですから無理もないかも知れませんが。「空前絶後」という言葉は、これはもう熊さんでも八っつぁんでも使っている言葉ですが、にも拘《かかわ》らず、学生の答の中に「午前空腹で午後気絶すること」だなどと書いてあったそうです。

「蒲柳の質」などという言葉も誰でも知っておることなんですが、「蒲団と柳行李を質《しち》に入れて酒を飲むこと」だなどというに至っては、実にもう驚くべき知識であります。あるいは推理力としては相当なものかも知れません。

しかしこうなってくると、もう儒教も仏教も道教もヘチマもありはしないので、どうもとんでもない非常識であります。外国人と附き合うとよく分かりますが、外国の知識階級は非常にクラシックというもの、古典というものを大切にいたします。この古典的教養というものがあって、初めて新思想も新文明もあるのであります。それを日本人が惜しげもなく捨てておるのですから、まことに残念というよりも危ないことであります。

先般日本にも参りましたアーサー・ケストラー氏あたりが言い出したようでありますが、「臍《へそ》のない人間」man without navel という言葉があります。現代は臍のない人間の時代であるなどといわれます。

何のことかと申しますと、人間というものはどんな人だって、火星から降って来たものでもなければ、木の股から飛び出したものでもないので、皆お母さんから産まれたものであります。それだけは、いかなる伝統否認の極左の思想を持っている者でもしようがない。俺だけは親の腹から産まれたんではないなどとは言えません。これはもう、どうしてもお母さんから産まれざるを得ないのです。

その母の胎内にある時は、臍の緒というもので栄養を吸収して育って、そして外に出るとその臍の緒を切って、その痕跡が臍になるのですから、明らかに臍というものは、戦後の憲法流に言いますならば、伝統の象徴であります。臍のある限りは我々に歴史・伝統というものがあるということであります。親には親の精神・文化がありますから、つまり親の伝統、親の文化、親の精神を継いで我々は産まれたのです。

しかもこの臍なるものは、単なるシンボルではなくて、非常に神秘な機能を持っております。今日だんだん西洋医学でも東洋医学と合致して参っておりまして、臍の機能の研究も進んできておるようであります。これは意外に神秘な機能があるようでありまして、漢方医学では臍のことを神の宮殿、神闕《しんけつ》と申しております。そういう生理的な機能ばかりでなくて、第一、美でもあります。どんなギリシャ、ローマの裸体美人の名彫刻、名絵画を見ても、臍のない腹はない。お臍のないおなかなんていうものは、蛙のおなかみたいなものので、どうも面白くありません。やっぱり臍のあった方が宜しい。

ところが、その大事な歴史・伝統というものを目の敵《かたき》のように疑惑したり、否定したりする。それを称して「臍のない人間」という。いわゆる進歩的文化人などといわれる人々に、この臍なし人種が非常に多いのであります。ところが臍がなくては人間は育たない。この民族的・歴史的伝統、それに基づく新しい東西文化の融合が、新しい世界文化を産みつつあるのだということ。これが第二次大戦後の最も顕著な問題でありましょう。

ナショナリズムとインターナショナリズム――新しい民族主義

その次にまた著しいのは、この世界が科学や文明の発達によってだんだん距離をなくしつつあることです。従来世界を隔てておった距離というものが、交通・通信の発達でだんだん消滅しつつある。確かに世界が統一に向かって進みつつあるのでありますから、その意味においては、インターナショナル、グローバル、コスモポリタンになりつつあるのです。

このような傾向は第一次大戦後におけると同様でありますが、大変違っている点は、第一次世界大戦後のコスモポリタニズムであるとか、あるいはインターナショナリズムとかいうものは、この頃はまだグローバリズムとはあまり言いませんでした。これは主として、国民主義、民族主義、ナショナリズムというものと相容れないものでありました。ナショナリズムを否定することがインターナショナリズムであり、コスモポリタニズムでありました。

ところが今度は、だんだんそうではなくなって参りました。真のコスモポリタン、真のインターナショナリストになるには、最も徹底した、最も洗練されたナショナリストでなければならない。従来のような排他的ナショナリズムではなくて、リファインド・ナショナリズム、洗練されたナショナリティを通じなければ、真のインターナショナル、真のコスモポリタンにはならない。ちょうど本当の立派な木になるためには、立派な松になるか、梅になるか、杉になるか、何らかの個性を通じなければなり得ない。そうでない木などというものは観念的存在にしか過ぎません。

それで、一面、世界が統一に向かいつつあるとともに、その裏打ちとして、従来のような間違ったナショナリズムではなくて、本当のナショナリティを発揮しなければならない。民族的特性を発揮しなければならんというわけで、一見矛盾の如き民族主義的主張、その運動が勃然として起こってきております。しかもそれが、ちょうど初めに申し上げました例と同じように、このアジアにおいて非常に著しい。今アジア諸国、東南アジアなどに行ってみますと、非常にその感を深くするのですが、若い人たちが実に溌剌《はつらつ》として民族精神に燃えております。概念の幽霊というか、感傷の夢というか、そういうものに空漠に生きているような人間ではありません。皆溌剌として自分の国家、自分の民族を振興することによって、新しい大きな世界を協力して作って行こうという精神に燃えております。

このごろ中共礼讃《らいさん》が一つの流行になっておりますが、その中共の如き最も民族主義が旺盛で、民族、国家のためにはすべてを捧げようという、ちょうど日本の幕末、明治維新のような気分やスローガンがそのまま盛んに用いられております。例えば北京へ行っても、天津へ行っても、上海へ行っても、至る所部屋という部屋、壁という壁には、殊に若い者の集まる所には、スローガンがベタベタ張ってある。「青春を把《と》って祖国に献給せよ」あるいは「公私兼顧」公と私を兼ねて顧みよ。このようなものが中共の『北京画報』などを御覧になっても至る所に出ております。そしてともかくも祖国、祖国である。民族、民族である。そのためには個人のことなど滅却してしまう。献給してしまう。これが中共の圧倒的な要請であります。

ところがおかしいのは日本で、こういうことを言うと反動だ、右翼だと大騒ぎです。「青年よ銃を取るな」というようなことを言って、盛んにアジっている有名人が、新聞記者のインタビューに「中共では、青年も祖国のために、民族のために情熱を燃やしておる」とえらく感激をしております。こういうのは精神分裂症というものでありましょう。どうも平仄《ひょうそく》が合わん。まあ、さようなことは他人のことだからどうでもよいとして、我々はただ、そういう世界の大きな流れを見つめれば宜しいのです。

この民族主義というものは、世界が統一に向かいつつある時、その裏打ちとして起こってきているものであります。日本とか中国とかイギリスとかドイツとかアメリカとかいう、そういう民族・国民というものを無視し、否定して、世界がどうのこうのと云々するのは観念の遊戯に過ぎないのであります。やはり本当の世界というものが一つになるためには、立派な民族、立派な国家というものを通じて、その協力によってなるのだという自覚、これは確かに前大戦後よりは進歩しております。アジアは一つになると言ったって、かつての李承晩《りしようばん》大統領のように、まず日本と喧嘩しておってどうして一つになりましょうか。李承晩は反共ということと反日を一対にして、朝鮮民族に反共教育と反日教育を一緒にやると申しておりました。そしてアジアよ団結せよといっても、それはできるものではありません。あたかも夫婦喧嘩や兄弟喧嘩をしながら、家庭の幸福を説くようなものです。

どうしても各民族、各国家が、もっと道徳的な、もっと理性的な存在にならなければ、本当の世界というものにはなりません。世界を統一するということは、例えばその辺の樹木をみんな切ってしまって、砂漠にしてしまうことではないのですから、それこそ百花爛《らん》漫《まん》の花園なり、森なり、花なりを作ることなんですから。その意味において新しい民族主義というものは、非常に注目しなければなりません。これが第二であります。

近代科学文明と人間の自己喪失

それよりも更に我々に直接響くのは、第三の問題です。これは近代文明、特に近代の機械文明及びこれに伴うところの都市文明というものが発達し、我々の生活が集団化されるに従って、だんだん個人がその理性、個性、私生活というものを失ってしまい、個人というものが、その集団生活の中に呑み込まれ、自分自身の生活をなくしてしまう。その集団心理、群集心理の支配を受けて、個人的な理性、個性というものを奪われてしまう。

この機械文明、都市生活のために人間生活が集団化・大衆化して、群集心理なるものが横行し、個人などの主体性、生活内容を失っていくということは、恐ろしいことでありま す。だんだん集団が全部になって、個人がゼロになる傾向が強い。つまり文明が発達するが如くに見えて、人間が無内容になりつつある。この恐ろしい事実が、あらゆる学者、批評家、芸術家、文学者等によって、さまざまに描かれ、警告されておるのが、今日の思想界や評論界の痛ましい事実であるということができましょう。

事実、仮に皆さんが日曜に家にでもおられて、朝から晩までラジオやテレビに対しておられたら分かると思います。例えばラジオは、朝から夜まで鳴り続けておって少しも休む暇がない。初めから終わりまであのラジオを聞いておったら、頭が変になるでしょう。それから新聞・雑誌などというものも、我々、一週間ほど旅行しますと、ゾッとするほど机の上にたまりますが、そんなものを仮に皆さんが五つも六つも購読されて、それを毎日全部読むとしてごらんなさい。恐らく、ものを考える余裕などは全くなくなるでしょう。自分の思考力なんていうものはゼロになる。そういうものに全部頭を支配されてしまう。

家庭にラジオとテレビと面白そうな新聞・雑誌を幾種も揃えてごらんなさい。子供はほとんど勉強できないでしょう。暇さえあればラジオとテレビに齧《かじ》りつき、雑誌を繰るでありましょう。大体、そういうことで毎日を暮らしたら馬鹿になってしまいます。自分の思考力だの判断力だの批判力だのというものが全然なくなってしまいます。

それから、まだそれくらいの年齢なら宜しいが、東京とか大阪、あるいはニューヨークとかロンドンとかへ行って、あの宣伝と広告と各種の刺激、それも強い感覚的な刺激、あれを毎日受けていると、刺激だけに圧倒されて、本当の個性というもの、内面的自己というものがなくなってしまうのであります。

全く、新聞とラジオと雑誌とテレビに映画、それにダンスだのスポーツだのというものをほしいままに享楽してごらんなさい。皆さんはすぐに、自分の内容というものをなくしてしまいます。朝からラジオを聞いて、新聞を見て、それから事務所に出て雑務に追い回され、終わったら競輪とか競馬とか野球とかを見て、そうでなければ映画館へ入って映画を見、帰ってラジオを聞き、テレビを見、雑誌を読んでいったなら、もう何の某《なにがし》というものは一つもなくなってしまって、全く感覚的な刺激に反応する一機関になってしまいます。

だから、物質文明、享楽文明が発達するほど、文明人、都市人、知識人は無内容になるのであります。そうして皆、何ほどか肉体的・精神的に病的になる。気の弱い者は神経過敏、神経衰弱になり、精神分裂になり、だんだん異常人格になっていくのであります。その弱い者がアドルムとかヒロポンとかに走って、そういう禍《わざわい》が民族的・社会的大問題になりつつあるという現状であります。

そこで、そういうことをしておると、戦争などのためではなく、その機械的・享楽的文明そのもののために文明人が滅んでしまう。みんなが慢性的病人、精神異常者になって、健全な判断力も思想力も道徳力も何もかもなくなってしまう。つまり肉眼は開いても、心眼が寝付いてしまう。少し心眼の開いた人間は、どうして文明をこの滅亡の悲劇から救おうかということで、本当に心配しておるのであります。が、それは単なる政策や宣伝では駄目なのでありまして、やはり個人がその生活、その自己を回復するために、その人々が自覚してやらなければならない。どうしても、他人の力や政策の如きではいけないのであります。

個人が私生活や内面的自我というものを喪失してしまったら、やがて自己のすべてを失ってしまいます。肉体も人格も崩壊します。各細胞が無内容になり、死滅する時には、いかなる大きなマンモスのような体でも、たちまち滅亡してシベリヤの土を肥やすようになってしまうのと同じことでありまして、文明人というものも、やがては地球の土を肥やすだけのものになってしまう。そうなったら、二十世紀までせっかく文明を発達させたものが、もろくも再び野蛮人の世界に帰ってしまう。

その野蛮人がまた急速に文明の没落の後を追って、人類が滅亡した後は一体どうなるか、そんなことまで心配しておる学者があります。多分その後は鼠の世界になるだろう、なんていうことを言ったり、いや、そうでなくて猫の世界になるだろうという説もあります。それは猫が鼠を捕るからというような意味ではなくて、猫というものは、いくら手を掛けて優生学的改良を加えても、どうしても種の改良ができない。せっかくいい猫と猫とを掛け合わせて新種を作ろうと思って苦心をしても、三代目か四代目になるとまた原種に戻ってしまって、どうしても文化的にならぬ奴が、この猫なのだそうであります。

人類が証明しつつあるように、文化的になるということは、やがて滅びるということなのでありますから、今後人類の一番の大問題は、文明の進歩ということが、人間生命の進歩ということにならねばならないということであります。不幸にして、過去の人類の歴史は二十幾つかの文明の滅亡史である。このままいくと、現代文明も遠からず、過去の文明と同じように、世界史の中の一つの物語、歴史学・考古学等の材料になるに過ぎないということが、決して杞憂ではないのであります。

どうしても、文明が進歩すればするほど、我々は心眼を開いて、我々の生活、自己というもの、我々の内面的自我というものを、もっと健全にしながら、その上に本当に理性的な、道徳的な、堅実な社会生活、集団生活、組織を持つようにせねばなりません。それを各人が、各人の責任において努力しなければならない。これが恐らく今日の文明の一番根本的な課題でありましょう。世界を挙げて、あまりに目先のことに追われて、だんだん今まで申しましたように心眼が衰えてきております。こういう現代は危機でありますから、そこで今度は「肉眼と心眼」という題で、こんなお話をした次第でございます。

時世と活学

知識・見識・胆識

私たちには、平生起こる出来事を処理する場合に、大事な原理、原則があります。これらについても既に古人の文献を皆さんに紹介する中に幾つも出て参りまして、そのたびに解説いたしましたが、こういう時勢になりますと、平生の因襲的・機械的な知識や教養では役に立ちません。

知識なんていうものは、そのもの自体では力になりません。知識は理論と結びつくわけですが、知識、理論というものは、腹に一物があればどうにでもなるもので、「泥棒にも三分の理」という有名な言葉があります。また理論には理論闘争というものがあって、例えばソ連と中共の理論闘争は有名です。同じマルクス・レーニン主義を標榜しながら、徹底的に両国は闘争したわけであります。理論というものは、胸に一物があればいくらでもつけられるもので、第三者の批判というものがあっても、これはあくまでも第三者でありますから、当人たちはさようなことを受けつけるものではありません。どこまでいってもかたがつきません。

これは国家でも、個人でも、家庭でも同じであります。家の中でも、父は父、母は母、倅《せがれ》は倅、娘は娘と、勝手に理屈を言い合っては治まるものではなく、もっと根本的に厳粛なものを持ってこなければ解決できるものでありません。つまり理論闘争というものでは所詮駄目であって、既に知識、理論の問題ではありません。

かつてこの講座で人間精神の大事な要素についてお話をいたしましたが、その中で知識より見識が必要だと申し述べました。知識と見識は似ておるようですが、これは全く違います。知識というものは、薄っぺらな大脳皮質の作用だけで得られます。学校へ入って講義を聞いておるだけでも、あるいは参考書を読むだけでも得ることができます。しかし、これは人間の信念とか行動力にはなりません。知識というものにもっと根本的なもの、もっと権威のあるものが加わりませんと、知識というものも役に立ちません。それは何かと言えば見識であります。

ある一つの問題についても、いろいろの知識を持った人が解答をします。しかし、それはあくまでも知識であります。しかし事に当たってこれを解決しようという時に、こうしよう、こうでなければならぬという判断は、人格、体験、あるいはそこから得た悟り等が内容となって出て参ります。これが見識であります。知識と見識とはこのように違うものです。

ところが、見識というものはそういう意味で難しいものですけれども、この見識だけではまだ駄目で、反対がどうしてもあります。つまり見識が高ければ高いほど、低俗な人間は反対するでしょう。そこでこれを実行するためには、いろいろの反対、妨害等を断々乎《だんだんこ》として排し実行する知識・見識を胆識と申します。つまり決断力・実行力を持った知識あるいは見識が胆識であります。これがないと、せっかく良い見識を持っておっても優柔不断に終わります。

また、平生どういう理想を持っているか、ただ漫然と過ごすのではなく、一つの理想あるいは目標を持っている、これを志を持つといいます。しかしそれは、一時的では駄目でありまして、永続性がなければなりませんので、これを操という言葉で表現いたします。また仕事をするに当たっては、きびきびした締めくくりも必要でありまして、これを節といい、前述の操と合わせて、節操という熟語ができております。つまり単なる知識人あるいは事務家では駄目でありまして、胆識があり、節操のある人物が出てこなければ、この難局は救われません。

器量人と応待辞令

こういうことは、やはり学問をしなければ分かりません。道を学ばないと気がつきません。そこに学問というもの、あるいはそれらを明らかにしてくれた先哲、聖賢というような人々の偉いところ、ありがたいところをしみじみと味わうことができるのであります。そうすると結局、人間の器量という問題に至ります。

「あれは器量人だ」という言葉が私たちの通俗用語になっておりますが、これは人間の具体的な存在を器という字で表現しておるのであります。

またそれは、桝《ます》、つまりどれぐらい物を入れるか、人物をどれぐらいその中へ容れることができるか、と考えて物を量る桝に置き換えますと、器量という言葉ができるわけであります。大石内蔵助を褒めるのに、「あれは得難い器量人だ」と申しますが、これは人間の大きさ、深さを量る言葉として、人間界の複雑な活動を批判し、実行していく尺度であります。

このように、私たちが平素何気なく使っておる言葉、例えば器量、器度、あるいは度量等の言葉に、非常に学問的意義があることを知るわけであります。あれは頭はいい、よくできる人だけれども、人を容れない、人を用いる量がない、深みがないなどという言葉は、つまり出来物《できぶつ》だけれども器量が小さいとか、度量が狭いとか、器度が足りないとかいうことであります。従って、今後の時局に処して日本の国政を執り、内外の諸問題に対処するというためには、つまりこういう基準に合う人でなければいけません。これは大変難しいことであります。

更に、人物の応待辞令という言葉があります。応待というのは、いろいろの問題に応じ、かつその問題をきびきび処理していくことであります。また辞令とは、適当にそれに対して自分の考えを表現していくことであります。近頃は辞令というと任命の際の言い渡し書みたいに用いられておりますけれども、本当は言葉の使い方を言うわけでありまして、極めて大切なことであります。

ところが、昨今は人物の修養が足りないものですから、応待辞令がまずくなりました。これは国内ではあまり分かりませんけれども、外国に出るとよく分かります。国際会議に出席する機会が昨今増えましたが、会議の事務的な報告、あるいは主張というようなことは、作っていったものを読めばいいのですが、そういうスケジュールに組まれた事務的な会議が終わって、サロンに引き揚げてお互いの自由な会話になると、大変残念なことであるが日本の代表は話せない、あるいは話にならないといわれます。

日本人は外国語が下手ですから、どうも損だという声もありますが、これは通訳を使えばいいので補えます。従って、言葉の自由とか不自由とかいう問題を超越した、即ち人物ができておるかどうかの問題であります。互いに相対して坐りますと、もうそれだけで、この人はできておるなあ、あるいは軽薄だなあなどと、大体分かるものであります。まして物を言うことになりますと、できた人物の言葉には、必ず味があります。反対に、できておらぬ人の言葉には、たわいのないことが多いものです。

だから、この応待辞令が非常に大切であります。ところが、こうなると甚だ微妙なデリケートな問題で、俄《にわ》か仕立てではどうにもなりません。平素の修養、教養にまつほかありません。特に学校では応待辞令等についてちっとも教えませんから、大学を出ても本当の学問修業をしておらない人は、人間的にまずいのであります。

現在非常に問題となって、長い間騒いでおるロッキード事件に、どういう応待辞令、会話が行なわれるかと注意しておりますが、残念ながら、多くの人々が登場されるわりに、気の利いた挨拶をした人がありません。この人は快男児だなあ、なかなかできていて頼もしいなあと思われる応待辞令がありません。立派な地位があり、立派な仕事をしてこられた人が多いのに、まことに残念であります。

また、立派な地位や身分のある人に関して、先般丸紅の大久保（利春）さんを拘置した時の応待を見ますと、検察側、警察側に一考を要すると思われる点があります。それは大久保さんに手錠をはめて拘置したことであります。元来手錠というものは、凶悪犯人はもとより泥棒等で逃げる心配、あるいは抵抗する心配のある輩にはめるものでありまして、立派な地位があり身分ある者には用いるべきものではないと思います。もちろん犯罪者、その容疑者には手錠をかけるということは原理・原則でありますから、慎重でなければなりません。しかし、地位もあり名誉を持った人に対してはどうすればよいかという見識と、礼節が望まれる次第であります。また当の大久保さん自身も、手錠をはめられる時に、「俺は逃げ隠れはしない、立派な地位も身分もあり、恥を知る者だ」と言って訴えれば事情は変わったと思われますが、残念でなりません。こういうことが現在非常に乱れております。

国会の質問を見ていても、一国の大臣、特に総理に対する、礼節をわきまえない態度と質問には、驚くことがあります。その点は、明治・大正初期の議会人と、現在の議会人・

政党人とは人種が違うのかと思うほど変わっております。これは学校教育の弊害であります。教育が普及しながら、本当の学問を教えないものですから、人間そのものが駄目になったように見えるのであります。総じて申し上げますと、現在日本人は、教養を失って低俗化しつつある、あらゆる社会にエリートがなくなって下品になりつつあるということで、これは大変情けないことであります。

出処進退

応待辞令がいかに大切であるかということを、御理解願ったと思いますが、この応待辞令をもう一歩つきつめると、出処進退であります。出る――どういう出方をするか。処《お》る――地位、ポストに処するにはどうするか。進む――どう進むか。退く――どう退くか。この四つは大変難しいものでありますが、その中でも特に難しいのは退であります。進み方が目ざましいのに、実に退き方の悪い人があります。相当の地位の人々でも、こういう問題になると実に不見識といいますか、そんなことを考えたことがないという人が多い。

社会生活の上ばかりではありません。これを徹底して言いますと、我々の身体の存在、生理にも、この出処進退がちゃんとあるわけであります。この中で一番難しいのは、やはり退、即ち静脈です。あるいはもう一歩つきつめると便通であります。これが一番難しいデリケートな問題であります。便通は誰でも理解しますが、案外気がつかないのが静脈であります。静脈をきれいにし、活動を活潑にすることが一番大切であります。

ところが、これは甚だ厄介なものであって、心臓から送り出された新鮮な血は、動脈を通って末梢にいく、そうすると毛細血管になるわけですが、この毛細血管になると垢が詰まりやすく、垢が詰まってくると、いくら心臓が活動しても、血は途中で止まり、あまつさえ逆流します。これが一番心臓を弱める根本原因であって、遂には心臓麻痺《まひ》を起こします。この毛細血管から、血液が円滑に静脈に移りますと、元来静脈は土の中に伏せてある下水管のようなものでありますから、この静脈を経て血が腎臓に、肝臓に返りまして、浄化が効いて便通もよくなるわけであります。動脈よりは、この静脈の方が大切であるとも考えられます。

中には、コレステロールが動脈にたまったとか心臓が弱ったというと、びっくり仰天してむやみやたらに強心剤を飲む人がありますが、これは大変な誤解でありまして、ただされ弱っておる心臓、疲れておるポンプに強心剤を与えますと、もうそれだけで心臓は参ってしまいます。そこで一番心臓を丈夫にする方法は、血の流通をよくすることであります。これを具体的に申しますと、心臓から送られた血液を末梢の毛細血管まで順調に流れるように、続いてその先の静脈が詰まらぬようにしてやることが大切でありまして、これは強心剤ではいけません。全身の活動を活潑にすることが第一であります。

昔から政治と医術は相共通するもので、「名相たらずんば名医となる」という言葉がありまして、「優れた宰相にならなければ優れた医者になる」といって、人間の身体を癒す医学医道というものは、国民の生活を守る政治と好一対のもの、即ち同じものだというので、医者を国手とも言います。その東洋医学の原理から申しますと、今の医者にも、政治家と同様、医道からはずれた者がその一部にあると言っても宜しいでしょう。

さて東洋医学では、非常に足を大切にいたします。人間の身体のうちで一番苛《いじ》められておるのが足であります。また無視されておるのも足であります。つまり、足とは中心に太い骨があって、これに附随した何本かの細い骨から成り立っておるように思われがちですが、本当は人体の骨の半分は足にあると言っても間違いないほど、複雑微妙な組織から成り立っております。そのうちで一番微妙なのは足の指であります。指という字は、手偏《てへん》に旨——デリケートという文字——をわざわざ当てはめてあります。末梢血管の渋滞、混濁と、静脈血の鈍化、という現象を治す、つまり活潑にするには、足の治療が一番大事であります。

その足の治療の中でも最も大切なのが指であって、足の指はそれぞれ内臓と密接に関連しておりまして、ほとんどの病気は足の指を見れば分かるといわれます。足の指を治療したお陰で、長年病院で治療していたがもうどうにもならぬ不治の病と診断された慢性の患者が、めきめき治ったという例がよくあります。それは結局、末梢の血管を刺激して、活動を活潑化させるためであります。そうなると静脈が生きる。静脈が生きますと、動脈もまた生きます。動脈が活気を帯びてきびきびと活動しますと、新鮮な血が全身に流れて元気が溢れるのであります。

徳川幕府の人材配置と女子教育

人間の生理も、政治の政理も同じでありまして、人体で極めて健康な、活潑な手足を持つということは、政治で言うならば、つまり宰相の手足となる——人材を集めることであります。手足となる有能な人物を持たなければなりません。そういう点において成功したのが徳川家康であります。徳川幕府が長く続いたのは、家康という人が、優秀な人材を地方の藩に配置したのが原因であります。大抵は自分の側近に置くんですが、中央はすぐ腐敗、堕落しますから駄目になりやすい、地方はその腐敗、汚濁から免れやすい。そこでまず第一に親藩を紀州とか、尾張《おわり》とか、水戸に、更に進んで松平藩という親藩をあちらこちらに置いて、人材を配置した。これが世界の歴史にかつてない三世紀近く政権を維持した所以《ゆえん》であります。

それと、女子教育を非常に大事にしております。これが徳川幕府政治の成功した優れた点であります。もし幕府がこういう政策を採らなかったら、旗本を中心とする中央は百年ももたなかったろうと言われます。それがとにかく三世紀近く成功したというのは、人材の配置と、妻や娘の女子教育に当を得た結果でありまして、今日でもこの日本を救う方法として採用すべき良策であると思います。

即ち優れた宰相が出て人材を集める。これはもちろん人材内閣でありますが、それだけでは駄目であって、末梢部にゆくほど人材を必要とします。つまり全国に人材網を作らなければなりません。これをどういうふうにしてやるかと申しますと、やはり歴史を調べるのが一番です。昔から名君や名宰相といわれた人々の優れた伝記が随分ありますが、これらを集めて調べてみると非常に参考になりましょう。藩主なり大将が自分だけいい気になって、自分の御機嫌をとってくれるようないい加減な人間だけ集めて満足しておると、案外もろく、たちまちのうちに没落しております。これは成功者の末期によくある現象であります。

　これからが日本の国運を決する時であると思われます。こういう時には、とにかく勉強をしなければなりません。政治の推移にあれよこれよと座談しておるだけではいけません。と同時に、もう少し日本の政治家にも、活学——生きた学問をしてもらって、今までのような通俗な政治生活だけやっておるようでは日本は破滅しますので、文字通り真剣に努力勉強してもらわなければなりません。

保守と革新

保守の真意

イギリス保守党の名相ディズレーリ（B. Disraeli）が、保守「conservative」の意味を「維持し、改造すること」、時務に応じて国政をよく維持し改造してゆくこととし、自分の使命はその保守党を国民に魅力ある政党にすることだ、自分は悪を去ることにおいてはラディカルである、急進的であるが、善いものを保つことにおいては保守的であると言っております。これでなくてはいけません。本来、保守党というものは、国民大多数にとって魅力のあるものでなくてはなりません。良い保守党がなければ国は危うい。しかるにそう参らないのは、何か保守党に欠陥があるに相違ない。

保守ということについて思い出す一つの文献があります。それは孔孟とか老荘とかの説でなくて、非常に現実的な兵書である『呉子《ごし》』の中に、保守ということについて卓越した考えがあります。それによると、保守とは「保業守成」即ち業を保ち、成を守るという意味の言葉で、「創業垂統」を承《う》けるものです。これは『孟子』にありますが、一世が業を創《はじ》め、統を垂れる。即ち、立派な第一代が苦心して仕事を始め、その仕事を後々まで継承されるように伝える、これを創業垂統という。自分一代で駄目になるような軽薄なものではなく、二世も三世も自分の遺す方針に従ってゆけば、ちゃんと事業を続けてゆける――つまり歴史を作ることができるようにすることが一世の使命である。この先代の創業垂統を継いで、その業を保ち、先代の成功をよく守り栄えてゆく。これが保業守成で、保守の意であります。

日本近代史で言うならば、明治天皇や当時の偉大な先輩たちの創業垂統したことを、大正・昭和の人々が保業守成してゆく、これが保守である。『呉子』の中に、そのことが立派な文章で説かれております。

東洋の兵書は、なかなか深い哲学に富んでおります。後人の一番大事なことは、かように先代が創業垂統したことを、保業守成することであるが、いかにして、この肝要の点を能《よ》くしてゆくか。これを「謀」といっております。それは時が経つに従っていろいろの弊害を生ずる、その害を避けて、どううまく持ち続けてゆくかの問題で、『呉子』にはそのことを「害を避け利に就く」と申しております。この謀によって先輩の遺業を正しく維持改造してゆく、それを「義」と申しております。そこに事を行ない功を立つ「行事立功」がある。それには結局「道」を知らねばならぬというのは前述の通り、この、事を行ない功を立ててゆく段になって失敗するのです。そこで道を修める必要がある。

　しからば道とはどういうことであるか。反レ本復レ始ということであります。絶えず先代のやった創業垂統の根本精神に返り、その始めに復《かえ》って、末期現象に走らないことです。道というものは、本に反《かえ》り、始めに復って、絶えず新しく出直してゆくことです。作物が成長するのもそうである。伸びっぱなし、徒長では駄目。必ず根に復って、絶えず新しい創造が行なわれる。ところが二世三世は往々にして、本に反り始めに復ることを忘れる、即ち先代の創業垂統の精神から離れ、あるいは背いてしまう。つまり道に反するのです。

　ところが、実にこれは難しいので、我々の体でもそうですが、どうも我々には悪い錯覚がありまして、例えば血液でも静脈血というものを無視する傾向がある。静脈というものを何か悪いもののように思う癖がある。ところが思慮深い医学者は、静脈を第二の心臓といっております。動脈によって全身に送られた血液が、今度は毛細管を通じて静脈に返って来る。この方が人間には大事なのです。これが再び新鮮になって、それこそ反本復始して、心臓は絶えず新鮮な血液を送れるのです。末梢血管が停滞してしまって、あたかもどぶが詰まったようになれば、即ち静脈がその機能を果たしませんと、心臓というポンプをいくらガチャガチャやっても血が流れぬ。却《かえ》って逆流して、ポンプが壊れてしまう。心臓が悪いと思って、強心剤でも打てば、よけい心臓を悪くするわけです。それよりも、どぶ浚えをした方が良い。ところがこの反本復始が容易にできない。これが焦って道を失いますと、必ず失敗する。

「絶えざる生新」即ち維新

『菜根譚』に「事窮勢蹙之士、當原其初心」「功成行滿之士、要觀其晩節」。何か生涯の大仕事をやりあげて、そして人生の行路も終わった即ち「功成り行満つるの士」はその末路を見る。ここでやれやれなんて思うと、老いこんでしまったり、あるいは有頂天になって弛んでしまう。その反対に、行き詰まってしまって、勢も蹙《ちぢ》まり、意気あがらぬ、どうにもこうにもぺしゃんこになってしまった人間は、そこでへこたれず、元気であった初心を原《たず》ねるが宜しい。そうすれば、また新しく出かけることができる。これは易の精神でもある。ところがこれまたなかなかできないのであります。

日本も現在事窮し、勢も蹙まっておる感があります。これもやはり、ごまかしはききません。どうしても創業垂統の明治精神を尋ねるのが良い。それでないと必ず自家崩壊に陥る。

十九世紀末のイギリスの歴史学者、バーカー（J. E. Barker）という人がある。この人の『オランダ興亡史』という書物は名著で、それこそ洛陽の紙価ならぬロンドンの紙価を高からしめた人です。この『オランダ興亡史』の中に、バーカーが、「領土だの物資だのというものが、その国の偉大さに本質的な関係があるものではない。真にその国民の偉大さに関するものは、そんな領土や資源や貿易ではなくって、国民の能力であり、国民の精神である。殊に後者の国民精神の問題である。これの旺盛な国民は、必ず、どんなに困ってもまた勃興する。航海に例を採れば、よく規律あり訓練ある乗組員であれば、荒海をくぐりぬけることもできるが、秩序の乱れた、精神のこもらぬ船員共では、沈没の危険があるのと同じである。その意味において政党政治は非常に注意を要する。国あることを知らず、ただ党あるを知り、その党よりも実は己の利を図るばかりというように、政党が堕落してオランダも衰退してしまった。だからどうしても、己よりも党、党より国家という精神に燃えた政党員を作らなければ、到底、政党政治というものも国民のために危うい」ということを痛切に論じておる。

それがそう行かずにだんだん悪くなると、どうしても革命を招来する。革命というものはやむを得ざることであるが、無条件で肯定できない。非常に注意を要するものです。警戒を要するものです。ところが、行き詰まってくると革命が要求されるために、なにか革命といえば無条件に礼讃される傾向があります。これは間違いで、できるだけ革命は避けたが宜しい。やむを得なければ革命もなければならないが、それはあくまでも正しく賢明に行なわれねばならない。一番望ましいことは、革命など要らない「絶えざる生新」即ち維新であります。

日本人の心

自然に溶け入る衣食住

「東は東、西は西」という有名なキップリングの詩の句がありますが、戦後科学技術の偉大な発達は、東も西もなく、世界を一つにしまして、平等化する傾向が著しくなりました。しかしまたその反面に、平等に即して差別もますます明瞭になってきております。西洋の文化は、一つのものが限りなく自分を分化し、形をとって発現してゆこうとする特徴を持っております。これに対して、東洋文化は複雑な差別を統一して、なるべく内に含蓄しようという傾向を著しく持っております。これだけは否むに否めない両者の相違であります。試みに我々の衣食住をとってみましても、そのことが明瞭に分かります。

まず我々日本人の衣服であります。昔からの和服は、洋服が外に出て活動するのに便利にできておりますのに比べますと、融通性・統一性を持った、静かな生活、くつろいだ生活をするのにふさわしい。ですから、静かにしておる時には和服が最も便利であります。

殊に審美的要素に富んでおる婦人の服装などを見ますと、東洋人、殊に日本人の服装は複雑な要素がよく統一されて、いろいろな要求が内に含蓄されております。元来衣服であるところへ、花鳥風月を優にゆかしく取り入れて、それに詩を加えたり、書を加えたり、あらゆる精神的・芸術的要素を統一して、それを着ておるというような特徴が、単調に倦《う》んでおる西洋婦人の非常に憧れる点でもあります。しかし、一面において、日本婦人の服装ぐらい手数のかかるものはないということもできます。これはその弱点の方であります。

食物でもそうで、西洋の食物は、我々が活動するのに、即ち功利的あるいは合理的によくできております。何カロリーの熱量、蛋白質、含水炭素、脂肪云々。そういう栄養素をどれだけ含んでおるかというふうにできております。しかし、これはあくまでも食物であります。しかるに中国料理や日本料理を見て参りますと、食物が単に食物ではない。栄養素や熱量を摂るのみが目的ではない。中国料理を御覧になると分かりましょうが、いろいろ我々の純粋味覚の満足、あるいは精力の蓄積と、いわゆるエロやらグロやらの要求を統一して、そしてなお純化されておらぬところも見えないではありませんが、その複雑な要求がよく純化され統一されておるという点において、日本料理ほど発達したものは世界に珍しいのではないかと思います。

日本の食物は、人間肉体の栄養や熱量を摂取するばかりではなく、また味覚を満足せしめるばかりでなく、あるいは我々の精力を養ったり、病を治すもののみならず、食膳に大自然を再現する一つの芸術でもあるのです。箸を一つとりましても、箸によって木を味わう。木の持つところの、難しく言えば「朴」の哲理、人間の永遠性の原理というものを楽しむのであります。茶碗によって土を味わう。匙《さじ》に散蓮華《ちりれんげ》をしのぶ。従って、食うことも単なる食ではない。人格生活の一部分になっておるのであります。

お茶を一杯飲むにいたしましても、お茶は決して渇をいやすというような単なる生理的満足ではない。茶というものは、我々の精神生活に配する、人格的な深い要求を満たすということが、あの中に含まってておることは申すまでもありません。

従って茶道というようなものになって参りますと、実に幽玄なもので、その至れるに及んでは、例えば井伊家に伝わっておりますが、井伊直弼《なおすけ》の好んで行ないました一期一会《いちごいちえ》という心得があります。一期一会とは、即ち一生涯にただ一度会うことかも知れぬという心情で、風炉《ふろ》の前に主客端座いたします。その時今生《こんじょう》においてこれ限りかも知れぬ、人命というものは朝露の如きものである。朝会って、夕べは計ることができない。ここで会えばまた会うことは人間として必ずしも期することができない。今生にこれを限りと思う気持ちになる。そこで茶を点《た》てると、人間はふざけた心、雑念というものをことごとく脱落して、真心が表われる。その真心を重んじたのが、あの一期一会の有名な精神でありますす。こうなりますと、茶を飲むということは、物質的問題ではなくて、深遠な悟道の問題となるわけであります。こういう諦観が、日本の方では生活の中に限りなく含まってきております。

住宅もそうでありまして、西洋の住宅は、大自然の中からどうして人間の世界を分派し出すか、自然という混沌たる中から、人間の天地をはっきり派生するようにできておりまます。ところが東洋、例えば日本の住宅の如き、これとは異なって、人間の住居をどうして自然に統一するかということを旨としております。これは東西の建築を見て参りますと明瞭であります。こちらの方は「ひき寄せてむすべば柴の庵にてとくればもとの野原なりけり」、あるいは「とかねども、もとの野原」でもありましょう。

最も人間の深い霊的要求による宗教的建築を見て参りましても、ヨーロッパの教会建築、インドシナの仏教建築、それから日本の神社建築を比較いたします時に、やはり民族性の本領の相違を明らかに看取することができます。先方は、どうして寺院の建築を人工的に荘厳ならしめるかということに苦心を極めておりますが、それがだんだん東洋的、殊に日本の神社建築になりますと、どうして人間の一切の綾《あや》、飾り、粉飾を去って、大自然に冥合《みようごう》するかというふうに苦心しております。神社建築は木と石と火であります。そのほか何もない。その極まるに及んでは、山そのもの、森そのものを神体とし、神社として拝み入るようにできております。『老子』『荘子』でよく知られておるその『荘子』の中に、「すでに彫し、すでに琢してまた朴に復る」とあります。あたかも神社建築などは、その代表的なものでありましょう。

理にかなう起居動作の作法

こういうふうに、生活様式はそれぞれ違って発達して参りました。日常の起居動作を見ましても、西洋人は分析的・外面的に行動します。東洋人は統一的・含蓄的に動きます。前述のように、西洋の住宅は大自然の中から人間の住まいを分離したものでありますから、この西洋住宅に生活いたしますと、戸外運動というものが必要になってきます。日本の住宅は今申しましたように、大自然と融合、合体させることを念としておりますから、しいて戸外運動の必要を西洋人ほど認めないのであります。

婦人の生活にしましても、日本婦人は躾の通り、お作法の通りに生活いたしますならば、例えば食事をするにも、来客に応接するにも、それが同時に運動になっておるのであります。茶を持って客間に入る時、まず坐って全身運動で襖を開けなければならない。そうして起《た》ち上がって、入ってまた坐って、襖を閉める。また起って、それからまた座って、お茶を出す。あるいは配膳をする。挨拶一つするにしても、手を出して握手のような局部運動をすればよいというわけにはいかない。両手をついて全身運動であるお辞儀をしなければならない。それで作法通りいったんお客に接しますと、これは相当の運動でありましょう。

それから日本人の坐法というものが非常に衛生的なもの、躾通りに坐りますならば、殊に婦人として身だしなみ正しく坐りますならば、これはそれだけで立派な健康法でありましょう。昔から「ただ坐れ」只管打坐《しかんたざ》、まあ坐れという言葉がありますが、非常に意味のあることであります。

帯というようなものも、通俗観念とは違いまして、専門家に言わせますと、婦人に大切な腹部の温かさを保って、鳩尾《みぞおち》のところから折れかがまないように、姿勢を崩さぬようにできておるものであります。だからなるべく正しく帯をしめて生活しておれば、実は婦人として、そう特別な運動は要らない。そういうことをいい加減に放置いたしますと、どうしても外に出て、飛んだり跳ねたりしなければならんようになる。裁縫をするのと坐禅をするのとを一緒にする。運動と掃除を一つにする、というふうに、日本の古来の起居動作は統一的で、裁縫は裁縫、応接は応接、運動は運動というふうに分かつ西洋人の特徴と、大いに違っておるのであります。飲食、住居、立居振舞い、いずれを見ましても、東洋は統一的・含蓄的であり、西洋は非常に分化活動的とでも申しましょうか。

石を描いて造化の永遠を見る

絵画などを見ましても、西洋の絵は、多く自然より人間を描いております。ルネッサンスの巨匠の作品を御覧になっても、やはりもっぱら人間を描いております。自然は単にその背景にとどまっております。また絵の習作をいたしましても、普通まず裸体画から始めます。あれが本当に描けるようになって参りますと、堂に入ったものであります。

ところが東洋の絵画、殊に文人画などを見ますと、人間を通じて自然を描いておる。自然というものの中に尊い個性を発見するというふうになっております。それで詩・書・画というものが文人画においては統一され、詩は詩、絵は絵、書は書というように分離しない。絵の稽古を始めますにも、まず石から描き始める。石が本当に描けると、これは一つの至れるものであります。

骨董でもそうであります。これは私の独断かも知れませんが、結局書画をいじる、骨董をいじるということは、石をいじるということになりますまいか。石を愛するということが、我々の至れる境地と言えないこともないと思います。詩などを見て参りましても、絵を見て参りましても、結局石を愛するというような心が詩の極致であり、絵の極致であるのではないか。

有名な清初《しんしょ》の鄭板橋《ていはんきょう》は、花や竹は描いてよく人に与えておりますが、石はめったに描かない。描いても容易に人に与えておらない。彼の集を見ましても、自分に石の友達が三人ある。これらの人間でなければ、わしの石の絵は分からぬといって、石の絵を大事にしております。

石というものは生命の最も原始的形態、従って造化の永遠の相を最もよく象徴するものであります。それからだんだん植物になり動物になり、人間になるほど、造化というものから、見ようによっては派生してきているのである。従って、最も深く造化に徹しようとすれば、結局人間よりも竹石というようなものに趣味が及ぶのでありましょう。これらの点は、東洋の最も深い哲学及び芸術の問題であります。

それから、我々の使っておる文字です。文字を見ますのに、西洋の文字も東洋の文字も、その源にさかのぼって考えますと、同じ要求から発しております。子供が自由画を描きますように、原始人が自然にこれを生み出してきたものであります。

ところが西洋の文字は、その後だんだん、我々の思想伝達の符牒として、記号として発達して参りました。それに対して東洋の文字、殊に我々の使っておりまする漢字というようなものは、我々の絵画的趣味、我々の心境を表現しようとする要求、こういうものが複雑に働き統一含蓄されて、そこにああいうものができたのであります。

漢字の中でも、最もそういう性質の複雑なものである会意文字というものがあります。これが実に面白い。西洋人が概念的・理想的に展開するものを一字中に含蓄、黙示しておるものが、この会意文字であります。

例えば、人がおのずからにして言語を発することほど、やむにやまれぬことはない。我々の生命が伸びてくる時に自然と言語を発してくる。だから人偏《にんべん》に「言」を書いて「まこと」「のぶ」――「信」という字ができておる。

ところが人間の口から出るものは、人が自然を失わない間は宜しいけれども、だんだん偽りが盛んになってくると、人間の口から出るもの必ずしも信じられない。ただ士の口、即ち身分教養のある人――このごろはそれもあてになりませんが、まず本来人格者の口から出るものはあてになる。そこで「士」という字と「口」とを合わせまして「吉」という字ができておる。

いつわり、「偽」という文字も面白い。これは「人が為す」と書いてつまり「人為」を表わしておるわけであります。人為が過ぎると偽《うそ》になる。

人間を檻の中に入れると囚人です。原始的感情から言いますならば、まことに憎むべきで、殺してしまえばよいものを、それにも飯を食べさせてやる。即ち囚人の「囚」という字の下に「皿」という字をつけ、湯茶、水も飲ませてやる。即ち三水偏《さんずいへん》をつける。そうすると「溫」、あたたかいという文字になる。

そうして、その囚人に茶や食物を与えるだけでなく、何故こういう悪いことをし罪を犯したか、とその「溫い心」からたずねてやる。そこでこの「溫」という字を「たずねる」と読む。「溫故知新」、「故《ふる》きを溫ねて新しきを知る」というように「たずぬ」と読む。即ちこの「溫」という一字が、犯罪とは何であるか、刑罰とは何であるか、何のために犯罪者に刑を科するかという刑法学の根本問題にふれておるわけであります。

「國」という字を例に引きましても、あの囲みの中の下の「一」は土地で、その上が即ち一区画、従ってそこに人間が入る。「戈」は力であり防衛であります。それで「國」という字の中の「或」の字だけで昔は「くに」と使っておったのであります。ところがそういう「或《くに》」がたくさんできてくる。従ってそこに国境が生まれる。そこで大きな枠をつけまして、今使っておる「國」という字ができたわけであります。我々が国法学や国家学を学びますと、国家とは何ぞやという定義にぶつかりますが、そうすると国家には三要素がある。土地と人民と主権者、権力服従関係であるなどとありますが、そういう国家の三要素は、この「國」という一字にちゃんと含まっておるわけであります。

武とは何であるか、「武」は「戈」という字と「止」という字から成っておる。「戈」というものは生命を断つものとして凶器といわれておる。戦争は一番の罪悪で生命を殺戮《さつりく》する。大きく言えば造化に反する。この宇宙人生は絶えざる生成化育である。その点から言って、殺生《せっしょう》は一番根本的な罪悪である。これを止める。即ち人間を虐げるところの邪悪を止める努力、これが即ち「武」という文字になっておるのであります。

あるいは、人々が経験する通り、ものを明らかに見通そうと思うと、〝高い所〟に登らなければならない。「千里の目を窮めんと欲す、更に登る一層楼」という有名な句もありますが、「高」という字の下に、人間が歩いておる恰好であります前足をあげて後足を跳ねた文字をつけますと、「亮」という字ができます。「あきらか」という字、これは物を高い所からあきらかに見通すという文字でありまして、そこで初めて人の指導もできる。あっちへ行きなさい、こっちへ行ってはいけないと指導もできる。そこで「亮」――あきらかという字を「たすける」と読む。

こういうふうに文字を見て参りますと、東洋独特の含蓄、統一性ということをよく呑み込むことができましょう。それだけ漢字は難しい。難しいから不便である。文化を遅らすのである。何とかしなくてはならんということになって、このごろでは文字がだんだん表音文字を尊ぶようになってきておるのでありますが、それはそれとして、文字、我々の使っておる漢字そのものを見ると、こういう非常な深い意味があります。

これから更にいろいろな実例を引きまして、東西の個性特質の相違を見ながら、少しく民族とか人生とかいうものを説明いたしましょう。

東西詩情の隔たり

前回は文字というものから我々の民族的な特質をお話しいたしましたが、更に進んで、もう少しいろいろと精神的な方面を観察いたしますと、例えば詩というものですが、元来、論理的な文章より、感情的・情操的な詩というものの方に、よく民族性が表われておることは言うまでもないことであります。この詩の方に、東西両民族の本領の相違がよく分かるのであります。西洋の詩は、どうも東洋人から見ると、詩という感じが少ない。西洋の詩をこっちに翻訳したり、こちらの詩歌・俳句を先方に翻訳したものをとってみますと、その点が面白く考えられるのであります。

どなたもよく御承知の芭蕉の句

古池や蛙《かわず》とびこむ水の音

あれをいろいろに翻訳されておりますが、そのうち最もよくできておる一つをとってみますと、こういうのがあります。

A lonely pond in age-old still sleeps……
apart, unstirred by sound or motion……till
Suddenly into it a lithe frog leaps. ―― by Chamberlain.――

さびしい池が幾代か経た静けさの裡《うち》に眠っている
離れて、じっと、何の響きも動きもなく、
その時

突然その中へ一疋《ぴき》の剽軽《ひょうきん》な蛙がとびこんだ。

となっておるのでありますが、これではどうも説明であって、我々の考えておる詩ではない。また加賀千代女《かがのちよじょ》の句に、

起きてみつ寝てみつ蚊張の広さかな

というのがあります。これを翻訳いたしまして、

I sleep……I wake
How wide
The bed with none beside.　——by Page——
私は眠る……私は起きる
何と潤《ひろ》いことだ
この寝床——だれも添寝していない。

これではどうもいただけない。やはり説明的・概念的かつ卑俗である。第一〝I〟という主語が、日本人から言えば面白くない。

朝顔につるべとられてもらひ水

という句にしても、訳詩は省略いたしまして、

つるべの縄をぐるっと朝顔がからんでいる。
私はこの花の甘い秘密をどうして破ることができようか。
私は水をもらってこよう。
隣の井戸から。

と御親切に説明を加えておる。けれども、これでは遺憾ながら実在の生態そのものを逸してしまう。我々の方は何とかしてよけいなものを去って、対象の生命そのものを躍動させようとする。あちらの方はなるべく細かく枝葉をつけて、よく分かるように説明しようとする。「朝顔につるべとられてもらひ水」。誰につるべをとられたか。どこからもらったか。即ち因果律的追求をする。因果関係を分析・説明しないと満足しない。これは科学には宜しいけれども、どうも詩には向かない。

広瀬淡窓の話に、ある俳人の弟子が「板の間に下女とり落すなまこかな」という俳句を作った。そうすると先生が、これは道具立てが多いと言って却下した。これでは下女が主か、板の間が主か、なまこが主か、はっきりせんわけであります。そのうち弟子が一考して「板の間にとり落したるなまこかな」と下女を省略しました。そうすると先生は、だいぶ良くなったが、まだいかん。というので更に苦心惨憺《さんたん》、遂に「とり落しとり落したるな

まこかな」とやったところが、先生がそれでこそ本当の句だと評したということでありま
す。こういうところに、こちらの方の詩の精神がよく表われております。

馬を観《み》ず天機を観る

もう一つ面白い、よく民間にも知られておる、馬を観る名人の伯楽の話。これは『列子』や『淮南子《えなんじ》』という老荘系の書物に出ておりまして、昔から有名であります。

秦の穆《ぼく》公という殿様の家来に、馬を相する名人の伯楽がおりまして、だんだん歳を取ったので、達者なうちに子供たちに馬を観ることの秘訣を伝えておくようにと、主君から話がありました。ところが伯楽が答えて曰く、

「私の子供は皆凡人であります。単に馬の良し悪しだけなら形や筋骨で分かりますが、千里の名馬というようなものになってくると、面構《つらがま》えや姿・恰好では分かりません。分からないところに神秘的なものが存するのです。それには私の子供たちのような凡物では駄目で、私の友達に九方皐《きゅうほうこう》という者がおります。これなら私に勝るとも劣らぬ者であります」

というので、非常に喜んで、その者を召して馬を探しにやりました。

すると、ある日、千里の名馬を発見したという報告が参りましたので、早速それを取り

にやりました。その報告には、牝の黄毛《きげ》とあったのですが、取りに行った者が見ますと、その指定の馬は牝の黄毛ではなくて牡の黒毛である。牝・牡が反対、毛色も違っておる。どういたしましょうかというので、その報告を聞かれた公が、伯楽を呼び出されて、「けしからんことじゃ。とんだ馬鹿者を君は推挙した。彼は馬の牝・牡も毛色の区別もつかぬ。こんな者にどうして本当の馬の良否が分かるか」という詰問であります。

そうすると伯楽、恐縮するかと思いのほか、感嘆久しゅうして曰く、「彼はそこまで達しておりましたか。それでは到底私など及びもつかぬものであります」と言い出しました。何のことだか分かりません。ところが伯楽の曰く、

「大抵の者は毛色とか形容とかを見て、本当に大事なところはわからぬものであります。彼はそんなものは観ておりません。彼はその内を観て外を忘れ、その精を観てその粗なるものを問題としていないのです。彼は馬などというものを見ておるのではありません。馬よりももっと大事なもの、即ち天機というものを観ておるのです。試みに取り寄せて御覧なさい」

というので取り寄せてみると、果たして千里の名馬であったということであります。

そういう、物の枝葉末節に捉われて本質を失うということは俗人のことで、達人になる

ほど形骸や枝葉末節に捉われずに、真生命を把握する。そこに東洋文化のねらいがあるのであります。最も念とするところがあるのであります。

東洋の没我的精神

今まで衣食住とか絵画とか詩とかいうようなことをお話しして参りましたが、これを個人生活、家庭生活、社会生活、国家生活、あらゆる方面に徴しましても、このことがやはり一貫して観察されるのであります。西洋の方は非常に自我の観念が明確でありまして、従って人間が個我的・主我的・個人主義的であります。

西洋文化は大体 individualism、個人主義の上に立っておる。これに対して我々の方は、統一、含蓄、言い換えれば、自分というささやかなものから、少しでもこれを摂取する根源の大生命に帰一して生きてゆこうという本領を持っておりますから、没我的である。個我的・主我的なる精神の発達として、権利観念・平等思想というものが生じる。これが正しく発展いたしますと、各人各個の自覚が明瞭になりまして、お互い同士の間に、義務を明らかにして共同組織、共同動作が発達します。これによって社会という大きな体系的生活が自治的に調和的に営まれていくということができます。ところが一度これに失敗しますと、権利・義務の観念、平等主義の観念が、排他主義・利己主義・分裂破滅となります。

西洋の家庭生活を御覧になりますと、夫婦というものは、原則として平等である。おのおの自己を知り、相手を理解し、そして共同生活を営む。妻も財産権を持っておる。夫は自分の経済的失敗によっても、累を妻に及ぼさないで済む。妻は自分から進んでなさん限り、夫の財産上の破綻とは無関係でいられる。金では他人で、妻が財産を持っておっても夫を助けることをしないでも済む。同じように、こちらに資力がないと、結婚が行なわれ難い。子供は子供、夫は夫、妻は妻、父は父というふうに、明確に個人的生活が限界を保ってゆかれる。

議会制度などを見まわしても、向こうの政党はこれを構成する代議士たちが、それぞれの見識を持ち、それぞれ主義を持って、明瞭に自己の政策を持っておる。それが協同して、ここに生まれるものが政党です。そこで政党の首領というものでありますが、首領の党員に及ぼす影響は東洋とはだいぶ違う。よほど機械的であります。組織が主で、首領はその中にある。従って首領というものの如何《いかん》に拘らず、政党及び政党員は独立性を保ってゆく。その政党に属する党員が平気でその党の政策を批判もすれば、反対もする。他の党員があえてそれを怪しみもしない。

　経済社会を見まわしても、資本家は資本家、労働者は労働者で、仲良くいった場合には資本・労働両方面の協調がよく行なわれる。労働者は労働者としての自覚を持ち、資本家は資本家としての自覚を持って、対立もするが協調もする。これが過つと果てしもない闘争となる。

　東洋は、なかなかそう簡単明瞭、常識的には参りません。戦後だいぶ変わってきたとはいうものの、こちらの方の家庭は、まだ決して、夫なり妻なり、親なり子なりというものが、明確に相対的平等的な自覚の共同生活、本当の意味の民主的な特徴はそれほど現われておりません。どちらかといえば、お互いに没我的になって相愛し相扶《たす》け合うというのが原則で、親は子のために己を忘れ、妻は夫のため、夫は妻のために全く自己を捧げる。そして夫や子供の喜ぶのを見て、母や妻は喜ぶ。夫あり子あることを知って自分あることを忘れる。親も子に対してそうでありますが、それが普通、それが正しい。だから西洋と違って、夫が物をもらえば、妻が礼を言う。子供が物をもらえば、親が礼を言う。

　政治社会を見ましても、政党に属する政党員、日本の政党員というものは、明確な主義主張は持っているかも知れませんが、持っておらんでもよい。陣笠代議士でも済む。皆それぞれ親分とか主人とかいうものがあって、派閥を作っておる。その中に没我的に存在しておる者が多い。親分の言うことには何でも皆賛成。そこで政党というものに強力な親分、首領が現われた時には、実によく自分の手足を動かすように政党を率いていくことができます。善悪共に自由をきかせること、無理をきかせることも首領はできるわけでありま す。西洋ではなかなかこれは通らない。

経済社会を見ましても、やはりそうでありまして、労資というものが西洋のように常識的・理性的によく妥協する、機械的によく提携をする、ということでは日本人は満足できません。何かそこに感激があり、熱情があり、没我的な結びがないと収まらない。皆さんは、幡随院《ばんずいいん》長兵衛とか清水次郎長とかいうものを何と考えておいでになりますか。あれは現代的に言いますと、ちょうど今日言うところの労働組合長・兼職業紹介所長・兼簡易宿泊所長といったものを、一身に統一・含蓄しておるものであります。そして労働者は皆身内《みうち》というもので、労働というものを一つの道徳的行為、人間的感激のあるものに昇華させておるのであります。こういうところに、東洋社会のいろいろの特質がよく現われております。

調和による真の文化世界を

現代は非常に主知的な時代でありますが、この知ということについても、東西でだいぶ考え方が違っております。我々が通常、物を観察したり記述したりするところの論理的・概念的な頭の働き、これは物の皮相しか知ることができません。これを聞見の知といいます。これが進んで、単なる事理よりももっと深い具体的な把握、これを直観と申します。

同じ我々の頭の働きにも、そういう機械的・概念的な働きから深い智的な直観に至るまでいろいろありまして、東洋ではもっぱら概念的・論理的な知識よりは深い直観を含んだ智慧というものを尊ぶようになっております。これは西洋でも専門の哲学者はよく説明しておることでありますが、それを知らず識らずの間に身につけておるのが我々の方の特徴で、それに対して精細な論理的・概念的知識・思惟を貴ぶのが向こうの特徴であります。

そこで、我々の本質として持っておりますこういう精神や能力を、いかにしてよく発展させるか。これには、ちょうどその対照的に思われる西洋民族、西洋文化の本質・特徴というものをよく学んで、そしてこれを以て各々の特徴を分かつとともに、よくこれを結んで、そうしてこれを更に一段と総合・統一・発展させてゆく。ここに世界文明の限りなき発達があるのであります。お互いにやはりお互いの特徴を通じ合わなければ、本当の意味の発達ということはないのであります。

今まで世界的にいわゆるナショナリズムというものが排斥されております。これは極端に排他的な民族主義・国家主義のことで、従って絶えざる闘争の原因となったからであり、行き過ぎますと、世界民族の分裂、闘争になって、先の世界大戦にもなったわけであります。さればとて、ナショナリズムを排斥するあまり、徒《いたずら》に国際的とか世界的とかいう考えで、これが単なる論理や概念の遊戯、即ち空理空論になって参りますと、また新たなる弊害を生ずる。本当の意味の世界的発展というものは、やはりその中に限りなき多様性・進化性、いわゆるヴァラィエティ variety とかディヴァーシティ diversity とかいうものを持たなければならない。それでなければ本当の意味の造化にならない。活世界にならない。

それはどういうことかというと、やはり各国民は各国民として行き過ぎたナショナリズムになってはならないが、ナショナリティ・国民性・民族性というものはあくまでも尊重し、よくこれを磨き出さなければならない――ということになるのであります。そこで、一時非常にナショナリズムの排斥が盛んでありましたのが、最近では落ち着いて、極端なナショナリズムは戒めなければならないが、ナショナリティというものは尊重しなければならんという当然の議論になってきております。

社会が大衆化して、それは結構なことであるが、その中に個性というものが没却されて、そして大衆の時代に真の人間性というものがなくなっていく。個人というものがなくなっていく。徒に騒がしい狂騒音と、アトム化した人間社会ができあがるということは忌むべきことで、どうしても今後の世界文化というものは、この弊を改めて、美しい人間性、個性、特質、優れた人格教養を持った個人個人を大切に育てていかなければならないと同時に、その人々の美しい調和による真の文化世界というものを期待しなければならない。こういうふうに、どの面から考えても真理は同じでありますが、静かに厳《おごそ》かに人類文明、世界史の歩みが進行していることを反省するものであります。

二　人生心得

切磋琢磨の三原則

三つの原則

物の考え方というものに三つの原理がある。まずこれを知ることです。

それは第一に、物を目先で見るのと、長い目で見るのと両方あるということ。目先で見るのと、長い目で見るのと、非常に違う。どうかすると結論が逆になる。ある人は非常に長い目で見る議論をしておる。ある者は目先で見る議論をしておる。これでは話が合いっこないですね。しかし我々は目先ももとより大事であるけれども、原則としては、やはりできるだけ長い目で物を見るということを尊重しなければならない。目先を考えるということは、うまくやったつもりでも、大抵の場合じきに行き詰まる。物を目先で考えないで、長い目で見るということ、これを一つの原則として、我々は心得ておかなければならん。

その次に、物を一面的に見る方と、多面的あるいは全面的に見る方とがある。これもよく心得ておかなければならん。物を一面的に見るのと、多面的あるいは全面的に見るのとでは、全然逆になることがある。どんな物だって一面だけ見れば必ず良いところがあると同時に必ず悪いところがある。そして結論は出ない。ある者はあれはいい人だという。ある人は彼奴《あいつ》はいかんという。一面だけ見ておると結論は出ない。これを多面的に見れば見るほど、その人間がよく分かってくる。いわんや全面的に見ることができればはっきり結論が出る。

しかし多面的に見る、全面的に見るということは非常に難しい。難しいだけに、やはり物を長い目で見なければならんように、できるだけ我々は多面的に、できるならば全面的に見ることを心掛けなければならん。

よく大所高所に立ってというが、大所高所に立ってということは、物を全面的に見るということだ。大臣のことを何々相、文相、蔵相なんていうが、この「相」という字がそれをよく表わしておる。これは木偏に目と書いてあるが、本当はこの目は木偏の上に書くのが一番自然なのです。木の上に登って高い所から見る。森蘭丸みたいに高い所から見るという字だ。しかし縦に続けるとあんまり長くなるから、「木」の右へ「目」を持ってきたのだ。普通の人間のように目先であるいは低い所で見ないで、大所高所に立って見るということが大事だ。つまり国家の政策というものを大所高所から立てる、国家内外の情勢を全面的に見るということだ。ところがそれができないで、文字通りに皆木から離れてしまって、対立するからろくろく分からない。これは第二の原則です。

第三には、物を枝葉末節で見るのと、根本的に見るのとの違い。枝葉末節に捉われる場合と、根本的に深く掘り下げて考える場合、往々にして結果が正反対にもなる。しかしこれまた同じことで、枝葉末節で見たのではすぐ分かるようであって、実は混乱するばかり、矛盾するばかり。やはりできるだけ根本に帰って見れば見るほど、物の真を把握することができる。

『論語』に「本《もと》立って道生ず」というておる。孟子もまた「まず大なるものを立つ」と言うておるが、難しければ難しいほど、根本的に掘り下げて考えるということを心掛けなければならん。

そこで最初に我々が注意しなければならんことは、この問題を我々は長い目で見て議論するか、多面的・全面的に見て議論するか、根本的に見て議論するかということと、この議論は枝葉末節的の議論である、一面的な議論である、目先の議論でありはせんかということとを区別すること。これを区別してかからんと、徒らに混乱したり、もどかしがったり、いろんなことで結論が出ない。

　この物さしを諸君が持っておると宜しい。そうすると自分の言うことが、はてな、今俺の考えておることは、どうも目先の議論だわい、これは甚だ一面論だ。これはどうも部分的な、要するに枝葉末節論だ。彼の言うておることは、なるほどもっともなことだけれども、これも一時的の観察、一面論、枝葉末節論だ。俺の考えておるのはもう少し長い目で見た観察だ。もう少し多面的・全面的に俺は考えておる、もう少し根本的に考えておるんだ。だからあれとは議論しても合わん。議論をしようと思ったら、向こうとこちらと筋を通すことから始めなければいかんというようなことが明らかになる。

　これは物を考えたり議論したりする時の心得というものです。これが分からないものだから、盲《めしい》の剣術みたいに、あられもない方向へ竹刀を振り回しておるような場合が往々にして見られるわけである。

他事《よそごと》と自分自身のこと

　世界歴史の中でも類《たぐい》まれな大宰相といわれた耶律楚材《やりつそざい》という蒙古の大宰相がある。五十幾歳のジンギスカンが二十そこそこの耶律楚材に一見して惚れこんだという大人物である。蒙古建国はほとんどこの人に依った。あの剽悍《ひょうかん》な蒙古の君臣を三十年にわたってしっかりと把握して指導した人だ。

この人がまだ若い時、北京におった頃、禅に没頭して、澄公という非常に優れた和尚さんに参学しておったが、いろいろ自分の意見を言うと、うんうんといってしきりに同意してくれる。その頃、彼はもと遼《りょう》という国（編集部註・満州、モンゴル、華北を支配した国家）の王族であったが、蒙古の侵略を受けて自分の現在仕える王国金《きん》は没落する。国家の没落の危局に臨んで彼は煩悶懊悩《はんもんおうのう》した。そういう深刻な状態になってくると、それまでの観念の遊戯などというものは実は気分の満足なんで、いわゆるムードなんていうものでは片がつかん。えらく自分が参禅してできたつもりでおったけれども、何やら怪しくなった。それでその行き詰まった気持ちで澄和尚の所へ行った。

すると、和尚非常に御機嫌が悪くて、いろいろ意見を言うと、それは駄目だ、これはなっておらんと、もう頭ごなしにやられる。そこで楚材は、今までお師匠さんは何事によらず私を許してくれたが、今日はどうも頭から否定される。どういうわけですかと聞いてみたら、今まではお前の参禅も遊戯であった。貴族の道楽だった。だからどうでもいいから、うんうん言っておったのだ。今日のお前は真剣らしい。真剣に聞くなら、実はなっておらんという。それでハッと悟ったということがある。

人間というのはそういうもので、少し調子を下げればどうでもいい。大抵のことは、うんうんでいい。しかし真剣に命がけで取り組むということになったら、それこそ簡単にはゆかん。議論もそうなんで、今の要するに三原則というものを、よく諸君は心得ておいて研究でも協議でもやらなければならん。そういう前提を知らないで、よくやみくもに突入して、両方とも要領を得ないということがよくある。あるいは両方とも要領を得たつもりで、突っ込んで言えば、実はなっておらんということもあり得る。ということもよく知っておくが宜しい。

それから、今まで何度も話したことがあるが、問題を自分のつきつめた実践の問題、当為の問題、我いかになすべきかという、自分の問題として取り扱う場合と、人の問題として取り扱う場合とでも、非常に趣が違ってくる。例えば農村問題にしても、農村に生きる自分としていかにあるべきかという場合の心得や考え方と、一般の農民、つまり他人としての農民のことを考え論ずる場合とでも、これは非常に違う。その点も混同すると話が合わぬことになる。

今農村の青年に娘が嫁に行きたがらん。これは実に困ったことである。いかにして農村の青年男女というものの悩みを解決すべきかというようなことは、これは一般農民の問題として論ずる場合と、そういう環境の中にある一人の青年である自分がこの現実に対していかに処すべきかということでは、心得が非常に違ってくる。考え方も非常に違ってくる。そういう大前提もあるわけです。

大衆心理と指導者的見地

それから、これと結局は相通ずることであるが、殊に現代のような社会の大前提として、一般大衆としての考えと、今後いよいよ必要なエリート、精英、選良、指導者というものを建前にして考えるのとでは非常に違う。一般大衆をどうするか、指導者をどうするか、指導者としていかにあるべきかということを考える場合に、大衆というものはどういうものかということを考えて、その妥協からでは当を得ない。大衆がいかにも悪い、あるいは大衆が頽廃堕落しておればおるほど、エリートというもの、優れた指導者というものは、大衆とは全然違った峻厳な精神でなければならん。

しかしそれを大衆に要求しても無理だ。だからこの対策は、エリートを対象とするものか、大衆を対象とするものかということを初めにははっきり分けておかなければならん。まあ喧《やかま》しく吟味すればまだいろいろあるが、少なくともこういう三種類の大前提というものを諸君の頭の中ではっきりさせておいて、物を考えたり、議論したり、協議したりしないと有効・適切でない。

そこで、一番大事なこと、いわゆる長い目で見る場合、全面的に言う場合、あるいは根本的に言う場合には何が必要かというと、やはり自分の問題として考える、我いかに生くべきやという問題と、それから人間というものは進歩向上してやまざるべきものであるから、やっぱりいかにしてエリートを作るか、自分がどうしてエリートになるかということ、この問題を一番尊重しなければならん。

そうして追究してゆけば、世の中に成らざることはないものだ。いわゆる impossible ということは字引にないということも確かに言える。「至誠にして動かざるものは未だこれあらざるなり」という、吉田松陰先生の言葉も真実である。精神一到何事か成らざらんということも確かに言い得る。それを大衆的に、他人事《ひとごと》に、あるいは目先のこととして持ち出したら、それは無理な話だということになる。その辺のところをよくわきまえなければならん。

極端な面白い例を言うと、どんなに環境が悪くても、施すべき策がないほど行き詰まっておっても、これを自分の問題として、あるいは独自の問題、エリートの問題として考えれば、いくらでもその道が開ける。たとえその人自身がエリートでなくても……だ。

裏長屋の呑んだくれ大工

大阪によく路地というのがある。つまり裏長屋というやつだ。横丁の狭い所を入ってゆくと、両方に九尺二間の裏店《うらだな》がずっと並んでおって、大体最後は袋小路になっておるものだが、そういうある裏長屋の行き止まりの所に、貧乏大工の呑んだくれがしけこんでおった。これは非常に腕がいいんだけれども、何さま酒癖が悪い無精者で、朝から酒ばかり呑んで働かん。そのためにだんだん人に見放されて、情けない路地奥の九尺二間にくすぶっておった。

それをもったいないというので、家主がある日、長屋を訪れたら、この大工、酔っぱらっておって「何しに来た。家賃の催促か」と、もう目に角を立てている。「いや、今日は催促に来たんじゃないんだ」「じゃあ、何しに来たんだ」「まあそう言うな。いい相談があって来たんだ。お前は元来非常にいい腕を持っておる」「よけいなことを言うな」と一々からむ。

「わしがこれからお前に毎日一本ずつつけてやる。お前の飲むに事欠かんようにしてやる。家賃もまけてやる。その代わりわしの言うことを聞かんか」「それは何だ」「お前も一日そう只酒を食らっておっても面白くなかろう。夕方になったら気持ちよく呑ましてやるから、朝起きたら道具をかついで、この長屋中を一軒一軒尋ねて歩いて、どこか板が外れておらんか、台所の流しが壊れておらんか、戸ががたがたしておらんか、屋根が傷んでおらんか、床が抜けておらんかと聞いて歩いて、悪い所を修繕してくれ。もちろん料金をもらっちゃいかん。その代わりにわしが家賃をまけて、夕方になったら一本呑めるだけの手当をやる」「そんなことは何でもない」「そんならやれ」というので、奴さん早速やり出した。

するとたちまち長屋中のおかみやら親父やら、野郎えらい感心だ。おれの所へ来て台所を直してくれた。床を直してくれたという。しかも礼を取らんものだから皆気の毒になって、昼になったら何かお菜を持ってきてくれる。お八《や》つになると何か出してくれる。晩になるとやはりお菜を持ってきたり、一本持ってきたりする。奴さん、家主からもらうばかりじゃなしに呑みきれんくらい酒が集まったり、食物も豊かになった。家主のくれる手当が残るようになった。

そうすると、いつの間にかそれが隣の路地にも聞こえ、向こう横丁にも聞こえて、そんな腕のいい、気心のいい大工さんがおるなら、こちらにも来てもらえんか、こっちにも来てもらえんかと引っぱりだこになって、そうすると張り合いがあるものだから、先生あんまり酒も呑まんようになった。あっちこっちで人気がいいものだから、すっかり気持ちをよくして精出した。一人では足らんようになって、弟子が二人も三人もできるようになって、そのうち堂々たる大工の棟梁になったという話を聞いて、私は非常に面白いと思った。

人間というものは心掛け一つで、真剣になってやりさえすれば、どんなにでも道が開けるものだ。そういうふうに物を考えると、目先の現実をそのままに取り上げて、つまりこれに対する何ら積極的建設的な、また根本的な考え方をしないで、ただあるがままに現実の問題としてこれをどう救済するかとか、保証するかということを論議するのとは全然違うので、物の目のつけ方によって全くその正反対になる。

だから先ほど言った幾つかの大前提というものを明らかにして考えを決める。そして、同じ立場に立って初めて真剣になって協議ができるということをよく知っておると、無駄を省くことができる。よけいな歯がゆい思いをしないで混乱を避けることができるものです。

運命

「自分」とは？

ローマの昔、キケロとかセネカという偉い人たちがおりましたことは、皆さん御承知でありましょう。そのキケロが、こういうことを申しております。彼らは他人に向かって語ることを学んだ。しかし己に向かって語ることは学ばなかったと。

またセネカは、世に学者なる者が出てから、遂《つい》に有徳者を見ない。キケロは、人はむしろ不学──学ばざるにしかぬ。こういうことを申しております。

実際、近代の学校を出たり、多少文字を好んで読むほどの者でありましたならば、世界とか人類とか、アメリカがどうだ、ソ連がどうだ、イデオロギーがどうだ、民主主義がどうだ、共産主義がどうだ、新内閣が不満だとか、総理大臣が良いとか悪いとか、そういう議論をしない者はないでありましょう。そのくせ、本人自身は手紙一本ろくに書けず、応対だって満足にやれないものが案外に多いのです。

孟子ではないが、随分偉い人に会っても、ああ、なんとつまらないことを言う人かと思わずにおれないような、人間的には全く稚拙というか、できそこないというか、なっていない人が多くって、こんな人々によって教育や政治や、いろいろの社会事業が行なわれたのではたまらないと、窃《ひそ》かに嘆息させられることが少なくありません。

鸚鵡《おうむ》も人間らしいものを言う。くだらん人間でも大したことが言えるものであります。否、大したことほどくだらぬ人間が利用するのに都合がよい場合が少なくない。それだから大したことなのでもあります。

無頼漢が天下国家の看板を商売にかけたり、淫婦が教祖になって信者を集めたり、奸商が国家を建前にして巨利を博したり、小人がお抱えになって御用学問を論じたり、つまり厳正に言えば、世間の人間が相手にせぬような無頼漢や淫婦や奸商や小人でも利用できるところに、偉大なるもののありがたさがあるとも、言えないことではありません。

しかし、それだけもったいないことであり、殊に大言壮語して、空理空論を弄び、大衆をまごつかせたりする、いわゆるインテリなるものは迷惑なものであります。

日本はこれからますます物事が難しくなるでしょう。本物と偽物との区別がつかず、陰謀策略がしきりに行なわれ、専門的知識技術が何を作り出すやら分からず、非常なスピードで変化していく時代に、どうして自分を正しく立てていけば好いでありましょうか。

この「自分」というのは大変好い言葉であります。何気なく使っておりますけれども、時々日本の俗語の中には、こういう立派な言葉があります。

あるものが独自に存在すると同時に、また全体の部分として存在する。その円満無礙《むげ》な一致を表現して自と分とを合わせて「自分」という。我々は自分を知り、自分を尽くせばよいのであります。しかるにそれを知らずして、自分自分と言いながら、実は自己、私をほしいままにしておる。そこにあらゆる矛盾や罪悪が生じるのであります。

宿命・運命・知命・立命

そういえば、何でもないことのようで、実は自分を知り自力を尽くすほど難しいことはありません。自分がどういう素質能力を天から与えられておるか、それを称して「命」と申します。それを知るのが命を知る、知命であります。知ってそれを完全に発揮してゆく、即ち自分を尽くすのが立命であります。

人は外物を知り、外物を活用することも容易でありません。まして尽くすことなどは思いもよりません。自分こそ人間にとって最も不可知であり、取り扱いにくい難物であります。そこで易者だの相者などにたやすく翻弄されたり、行きあたりばったりに暮らします。命を知らねば君子でないという『論語』の最後に書いてあることは、いかにも厳しい正しい言葉であります。命を立て得ずとも、せめて命を知らねば立派な人間ではない。水から電気も出る。土から織物も薬品も出る。これ水や土の命を人間が知って、立てたものであります。

自然科学は、この点偉大なる苦心と努力とを積んで参りました。それにしては人間の道の学問、即ち人間の命を知り、命を立つべき学問、自分の命を知り、自分の命を立つべき学問は、何という振わぬことでありましょう。

命とはかくのごとく先天的に賦与されておる性質能力でありますから、あるいは「天命」と謂《い》い、またそれは後天的修養によって、ちょうど科学の進歩が元素の活用もできるように、いかようにも変化せしめられるもの、即ち動きのとれぬものではなくて、動くものであるという意味において「運命」とも申します。

運は「めぐる」「うごく」という文字であります。しかるに、人はこの見易いことを見誤って、命を不運命、宿命、即ち動きのとれない、どうにもならない定めごとのように思いこんで、大道易者などにそれを説明してもらおうとする。それでは天命でも何でもない。人命にも物命にも劣るものといわねばなりません。人間の天命はそんないい加減なものではなくて、修養次第、徳の修めかた如何《いかん》で、どうなるか分からないものであります。

自然の物質の性能、応用が科学者の苦心研究によって、はかることができないような神秘を解明いたしますように、人間の性質能力も、学問修養の力でどれほど微妙に発揮されるか分かりません。決して浅薄な宿命観などに支配されて、自分から限るべきものではありません。

命は我より作《な》すもの――袁了凡の悟り

命は天命であるとともに、その意味では「我より作《な》す」ものであります。自分から造るものでもあります。宇宙は時々刻々の新しい造化、創造、変化でもありますから、我々も常にいわゆる「義理再生の身」となっていかねばなりません。

このことを説かない教えはないのですが、世の中に昔から最もよく知られております一例は、明の袁了凡《えんりようぼん》がその子に教えた物語『了凡四訓』とか『陰騭録《いんしつろく》』と申すものがあります。

この人の名は「黄」、了凡はその号、あるいは「学海」とも号しました。明末の人でありまして、我が国で申しますと足利末期から徳川の初期まで在世しておった人であります。面白い因縁は、秀吉が朝鮮に出兵いたしました時に、これに対抗いたしました明の李《り》如松《じょしょう》に先んじて、朝鮮にも参っておったこともある博学多才の人であります。

彼は少年の時、父に亡くなられて、母の手一つに育ちました。その母から、身体は大切にして、人助けのできるような医者になることを命じられました。当時の彼の国の習わしでありました高等官の試験、即ち科挙の受験をあきらめておったのであります。

ところがある時、一人の老人に出会いました。髯の長い、丈の高い、気品のある立派な人物でありまして、それにいろいろのことを占ってもらいましたところが、百発百中、何一つ違うことがありません。

爾来《じらい》、彼はすっかり感心してしまいまして、人間には一定の運命というものがあって、立身出世も何もかも、もうちゃんと決まっておる。人間の一生、即ち「命数」と申しますが、それはいくら煩悩を起こしてジタバタしてみてもしかたがない。こういうふうに堅く信ずるようになりました。そこで妙なもので、心がすっかり落ち着いてしまいまして、齷《あく》齪《せく》することがなくなって、一種悟ったような気持ちになったのであります。

ある時、南京の近所の棲霞山にありますお寺に、名高い雲谷禅師を訪れました。そして三日にわたって禅師の話を聞いたのでありますが、雲谷禅師は不思議に思いまして、一体人間は邪念があるためにどうも不出来なものがありがちであるが、君に会っておると、実に人物がよくできておる。どういう修養をしてそこまで解脱《げだつ》されたか、と申しましたので、彼は、実はある易に達した老翁に一生のことを占ってもらって、人の吉凶禍福、栄辱、死生、存亡皆生まれながらに定められた運命があるということを体験いたしまして、そこで妄想も何も胸中に浮かばぬようになったのでありますと答えました。

するど雲谷禅師は大笑いたしまして、「私はあなたを大変立派な修養した人物と感心しておったのに、なんだ、それじゃただの平々凡々の男でしかないじゃないか」と、こう言うので驚いて、「それはどういうわけですか」と聞きますと、雲谷禅師は、「一体人間は無心であるということができないものだ。この世のいろいろの事物に心を捉えられて、そのもののために自分というものを全く支配せられる。即ち運命というものに捉われるものである。無心であればそこに神の慧智が発し、ものの道理、因果の関係、命数というものが明らかに観ぜられ、自分が自分の運命の主になってそれを使いこなしていけるのである。禅家でいう随処に主となるというものである。もちろんそういう立派な人々も、因果の法則の中にはあるのではあるが、命数というものの中にあるのではあるが、彼らはその法則を知って、即ち運命を知って、おのずからこれを支配して行く。しかし、凡人は物欲に眼がくらんで、因果の法則が分からずに、おのずからそれに支配されてしまう。そこが大事な相違点である。だから平凡人は生まれつきの運命のままであり、即ち唯物的であり、聖人とか達人とかいわれる人々は、それを自分で自由に変化造成することができる。あなたは年来その老人に占われたままで、少しも自分を大成させることができなかった。全くの凡人ではないか」。

こう言われて、大いに驚きまして、「それならば運命は自由にすることができるのですか」と反問いたしました。

雲谷禅師はこれに答えまして、「『命は我より作《な》す。福は己より求む』とは、あなたが勉強した『詩経』や『書経』というような書物に述べてある。『書経』には『上帝、常ならず。善をなせばこれに百祥を降す。不善をなせばこれに百殃《おう》（多くの禍）を降す』とある。もし生まれた時に一定した天命があって、一生涯絶対不変であるというのならば、たとえ善をなしたとてどうしてこれに福を降すことができるか。悪をしたとてどうしてこれに禍を降せようか。『詩経』にも『天命常なし』といっている。常なしとは禍福とも人の善悪次第で動くもので、決して膠《にかわ》づけのような決まりきった命があるのではないということです。仏教の経典の中にも『功名を求めようとすれば功名を得ることができる。富貴になろうと求めれば富貴を得る』と説かれておる。妄語（虚言）することは仏者の大戒とするところであり、慈悲深い諸仏諸菩薩がどうして人を欺くなどしましょうか。お前はこれらの言説を何と思いますか」。

諄々と説かれて、彼は今まで知らなかった心に一つの光がさしたのであります。『孟子』にも「求むればこれを得。我に在るものを求むればなり」とあります。これは仁義道徳のような精神的なものは、自分の心の中に備わっておるものであるから、努めて求めさえすれば得られるが、功名富貴のような物的なものは我が身の外にあるもので、いわば天に属するもので、いかに求めたとて、天運がなければ得られるものでない。

「それではこの孟子の言は誤りでありましょうか」。このことを彼が尋ねますと、雲谷禅師は「孟子の言そのものは誤りではない。ただあなたが自分で誤り解しておるまでのことである。今あなたのために一切の吉凶禍福皆我が心から求め得られるということを、この孟子の語で説き明かしましょう。他人に恨みを抱くものが丑の刻詣りをする。人形《ひとがた》を作って釘を打ち込んで人を呪うということが昔からある。あれは一身の環境によって、あるいは人の目をつぶし、あるいは人の手足を悩まし、命《いのち》を取り殺すのである。さすれば目をつぶす釘も、手足を悩ます金鎚《かなづち》も、命を取る刀も、ちょっと考えると外から持ってきたように思えるが、みな怨み・瞋《いか》りの心の中から取り出したものである。我にあるものとはただ仁義道徳のみではない。功名富貴一切の福分も皆我が心中にあるもので、心がなかったならば何ものもあり得ようがないのである。心に従って求めれば天に応じて何ものでも得られるのである。故に孟子も『万物我に備わる』と明示してあるではないか。それをもし我の心内、心の中に求めないで、あるいは他におもねり、あるいは人を欺くなど、種々の謀計を巡らして求めようとしても、天命の理がなければ成就せぬものである。たとえ一時天を欺いても、『人盛んにして天に勝つが、天定まって人に勝つ』という諺がある通り、遂にはこれを失って、それが却って大害になるものである。故に孟子もその次に『これを求むるに道あり。これを得るに命あり』と説いておる所以《ゆえん》である。我が禅家の大祖慧能大師も、『一切の福田—幸福の田地は、方寸、このわずかな胸のうち、この方寸を離れず』と説いておられる」。

こういうことをさらに諄々と誨《おし》えてくれました。彼はこれに初めて活眼を開いたのであります。

義理再生の身と「功過格」

そこで彼は、志を入れ替えまして、それから本当に発奮努力いたしましたところが、不思議なことに、それからどういうものであるか、従来ことごとにはずれたことがない老翁の易断が全部当たらなくなりまして、最初は五十三歳八月十四日丑の刻に死ぬということまで予言されておったのでありますが、どうしたことか、その五十三歳八月十四日が参りましても、一向に死にもせず、跡取りの子供はできないといわれておったが、その子供もでき、しみじみと禍福常なくおのずから招くに過ぎないという古聖賢の教えを体験味識《みしき》いたしました。

雲谷禅師は、これが分かったならば、これからあなたは「義理再生の身」、即ち義は道徳的実践である。理はその哲学理論であります。人間は哲学的・実践的に日々夜々生まれ変わってゆく。造化の理法に従って、自分を日々夜々に造化してゆく。創造し変化させてゆく。それを義理再生と申します。その義理再生の身になったことを知って努力せよと言われたのでありますが、その義理再生の身となって努力するということが、即ち本当の意味における道徳的実践ということ、修養ということになる。いかに真実であり、いかに尊いことであるかということを、彼は身に沁みて体得悟入いたしました。

そのことを細々《こまごま》と子供に伝えたのであります。その時雲谷禅師が彼に『功過格』という書物を与えました。これは自分の行ないを反省して、それに採点をする一種の勤務評定であります。

人の命を救う、一人の婦女の節操を失うことを助ける。こういうようなことは百点。その反対に、人の命を奪うというようなことはマイナス百点。そういうふうにプラス・マイナスをはっきり表にしてあるものでありまして、「功」は手柄、「過」はあやまち、咎《とが》であります。それを彼は終生実践して、毎日自分の道徳的勤務評定を行なったのであります。この書物が『了凡四訓』というものであり、『陰騭録』と申すのであります。

これが中国にも日本にも民間に普及いたしまして、例えば日本でも中江藤樹先生とか、日田《ひた》の広瀬淡窓先生などは、この熱心な行者であり、その教育者であります。

大田錦城が面白いことを申しております。子孫が長く続くということは、知力の及ぶことでない。ただ陰徳・陰功を勧めるより方法がない。陰徳・陰功は、憐みの心で人を救うより大きいことはない。これが袁了凡の教えのいかに尊いかということを知らせる本当に大切な良い書物である所以《ゆえん》で、もしこの理が分からなかったら、自分の子孫は永代橋から落ちて死ぬぞ、こんなことをその『梧窓漫筆』に書いております。

滝鶴台《たきかくだい》の妻がある日、袂《たもと》の中から赤い糸の鞠《まり》を落としたのを見つけた夫の鶴台が、それは何かと尋ねましたら、妻は顔を赧《あか》らめて、実は平素から何か善いことをすれば白い糸を鞠にかがり、悪いと思うことがあれば赤い糸をかがることにして参りましたが、このごろやっと白い方が赤い方と同じくらいの大きさになって参りました。けれども、まだ一度も白い方が大きくなったことがありませんと告白いたしました。

鶴台はその殊勝な心掛けに感じいったということでありますが、こういうゆかしい心掛けは今時どうなってしまったことでありましょうか。

人世はいくら法律や政治やいろいろの理論などでも、それだけではどうにもよくなるものではありません。どうしてもやはり、各人がその心掛けを変える、いわゆる精神革命をやるということに基づかなければ、万事無功と申しても過言ではないのであります。

知識と悟道

真の智

現代人は単に知性によって物を知ることしか知らぬ者が多い。そしてそういう知識の体系を重んじ、知識理論を誇る。しかしそういう知識理論は誰でも習得し利用することができる。その人間の人物や心境の如何《いかん》に拘らず、どんな理論でも自由に立てることができる。

平たく言えば、つまらぬ人間でも大層なことが言える。どこを押したらそんな音が出るかと思われるようなことも主張することができる。そういうものは真の智ということはできない。

真の智は物自体から発する光でなければならない。自我の深層から、潜在意識から発生する自覚でなければならない。これを「悟る」という。

従って「悟らせる」「教える」の真義は、頭の中に記憶したり、紙の上に書きつけたりものを伝達することではない。活きた人格と人格との接触・触発をいう。撃石火の如く、閃電光にひとしい。これを覿面《てきめん》提示と名づける。これあるを得て、初めて真の霊活な人物ができるのである。つまり全生命を打ち込んで学問する、身体で学問すると、人間が学問・叡智そのものになってくる。

incarnate とか、embody ということが西洋哲学にもあるが、いわゆる知識人とか文化人にはそれがない。太宰春台が伊藤仁斎を評して、学問にて練りつめて、徳を成したる人と覚えるといっているが、そうならなければならない。それで初めて真の教育者ともなれるのである。

高僧の真儀

唐末・宣宗皇帝の宰相であった裴休《はいきゅう》という人がある。熱心な仏教信者であり、宗学にも精《くわ》しく、その風格生活も脱俗の趣があった。

彼が宰相となる十年も前のことであるが、廃仏で有名な武宗皇帝の会昌二年、彼は江西省南昌府在の鍾陵の知事をしておったが、一日そこの竜興寺に遊んだ。そして人物の壁画を見て、これは誰の肖像かと一僧に聞いたら、高僧の真儀ですとの答であった。高僧の真貌を写したものだということである。

休は言った。真儀は観て分かるが、高僧は何処《いずこ》に在るか？　僧はグッと詰まって答えられなかった。休はこの寺に誰か禅者はおらぬかと尋ねた。ちょうど折よくこの時黄檗《おうばく》希運という傑物が寺の掃除にかかっておった。僧はこれを探し出して連れて来た。

一見してその非凡の人物であることを看破したのであろう、休は喜んで、実は僧侶に問うが誰も答えてくれぬ。どうか上人《しょうにん》代わりに答えていただきたいと請うた。どういうことですかと黄檗が問い返すと、休は前問を繰り返した。希運は声高に、知事閣下！　と呼んだ。休が諾《はい》と応えると、何処に在る？　と休の問をそのままぶっつけた。休は言下に得る所があった。それから意気相投じ、肝胆《かんたん》相照らして、裴休が希運を黄檗（江西・瑞州府）に請じたといわれている。

私はよく名士の肖像を見ると、この逸話を想い出すのである。確かに肖像はかかっている。あるいは彫像が建っている。しかし肝腎の人物は果たして何処に在るか。それよりも、そもそも皆姓名を持ち、地位仕事を持って忙しく立ち働いているが、本人は一体どこにいるのか、楠木正成にもこんな問答が伝えられているが、多分こういうことから思いついた後人の擬作であろう。

休が深く相許した人に圭峯宗密《けいほうしゅうみつ》（四川の人。姓何氏）がある。陝西《せんせい》の終南山におったが、文宗の大和の末、宰相李訓ら宦官を誅せんとして事露《あらわ》れ、逃れて宗密禅師の寺に匿《かく》まわれたが、ここもまた危うく、更に鳳翔に逃れた。捕吏は追跡して寺に到り、犯人隠匿のかどで死刑を以て脅迫したが、宗密は平然として、自分は李訓と長い交友である。吾が法は難に遇う者あれば之を救うのが眼目である。そのためには死もまたやむを得ぬと答えたので、さすがに感動して宥《ゆる》したという（新唐書李訓伝）。本朝明恵《みょうえ》上人の美談と符節を合するものがある。これが道というものである。

知識人と学問

現代の特徴を表わす通用語の一つに知識人 intellectuals という語がある。人間には徳性という本質的な要素があり、体液のような情緒や、エネルギー・動力を想わせる意志や、意識の深層に根ざす直観や、豊かで厳しい人生体験から鍛えられた刀刃のような風格というものなど、いろいろの内容に富むものであるが、知識人という種類の人々は、そのうちの知性がよく表面に出ておって、思考や言論が概念的・論理的であるが、その反面に人間としての大切な諸徳の調和がとれておらず、自己陶冶の甚だできておらない弱点や欠陥の容易に看取される者をいう。

これらの知性は、外部の事実を観察し、記述し、そういう材料を綜合し、分類し、解説し、批判するようなことは達者に行なうが、事物の内部に浸透し、生命を体認し、真理に順《したが》って自己を創造し物を化育してゆくことはできない。

知識人の学問もおのずからその型があって、態度方法が一様である。学問研究の対象が何であれ、自分自身その対象に没入し深潜するのではなく、冷やかに観察者の立場を取って、まずできるだけ多く従来の調査・報告・統計・論文等、研究資料を集め、それを綜合し比較し論評しながら、それに新たな私見を加えるという行《や》り方である。

道徳や宗教に関する例を採っても、別に自分自身は先達のような魂を絞る苦悩も、血のにじむような修行も、命を懸けた参究も何もせず、資料の中に安坐して、道徳や宗教という社会事象、人生問題の性質や種類や歴史や関係を解明し、比較し、批判する。それを科学というのである。

こういう学問研究ももちろん必要なことであり、随分大切なことでもある。しかしこれが学問であり、学問はこれでなければならぬ、この学があらゆる思想・研究の中の最も権威あることと思うならば、それはとんでもない浅見であり無知である。

こういう人々によれば、例えば釈迦や孔子についても、従来知られなかったいろいろな事実なども解明されるであろう。しかしその態度方法は、釈迦も孔子も犬も猿も木も石も皆同じである。それに一種のイデオロギーが加わると、釈迦も民衆を堕落させる阿片の元凶となり、孔子も生民あってこの方この上ない極悪大罪の人物、民衆の公敵ということになる（例　蔡尚思・中国伝統思想総批判）。

自己人格の培養・錬成

それはとにかく、この種の思想学問では、自己人格の培養・錬成とは全く無関係であり、あるいは却ってその人柄を悪くしたり、他の人々や環境を薫化し改善する力がないだけでなく、これまた悪影響を及ぼすことの大きい場合がある。

政治に例を採っても、実際に政治というものを体験し、政治の中にとび込んで（必ずしも自ら政治家にならなくてもよい。官吏でも、新聞人でも、誰でもできることである）、政治をその中から会得し、反省し、人間の成敗得失、歴史の推移変遷、その中の厳粛な理法に、何よりも深い情感を以て心眼を開き、古来の偉大な人物や哲学に参じて、次第に智慧・信念を修得するのが真の政治的学問求道であり、かくてこそ偉大な政治家ができ、こういう政治家によって、初めて国民や人類の誠の進歩も革命も達成されるのである。

政治現象、その本質・機能・関係・歴史、いろいろの問題を捉えて、自然科学と同じ態度方法で、データを揃え、これを整備し、考察・解説する政治学は、確かに必要であり、便利であり、貴重でもあるが、本来機械的なもので、知性の労作に過ぎない。人間性命の尊い光明や霊力になるものではない。

現代一般に行なわれているような思想学問では、過去に作られ、現在作られている人文を、事実として知ることはできよう。またその偏執するイデオロギーから牽強附会の説明はつくであろう。しかしそれはおよそ「道」に造《いた》らずあるいはまた道に背くものである。

知識人の悲哀

はてさて俺は、ああ哲学も
法学も、また医学も
なくもがなの神学も
一心不乱に勉強して、底の底まで研究した
そうして、ここにこうしておる。憐れな愚かな俺だ

そのくせ何にもしなかった昔より少しも偉くなっておらぬ
そして俺などに何がわかろうかと、そう自分で知っている！
それを思えばこの胸がはり裂けそうだ。

とはゲーテの名作『ファウスト』の冒頭、碩学ファウストの慨嘆の言葉である。ここに知識人の変わらぬ悲哀がある。

いくら神学を勉強しても信仰が深くなるわけではない。あるいはだんだん神から遠ざかるであろう。いくら科学を研究しても、安心立命が得られるわけではない。あるいは自己を喪失することもあろう。魂の感動に基づかねば真の生命を得ることはできない。

日本近代の哲学界に最も高名であった西田幾多郎《きたろう》教授が、晩年禅に入って、余が禅を学ぶのためになすは誤りなり。余が心のため、生命のためになすべし。見性までは宗教や哲学のことを考えずと言い、

世をはなれ人を忘れて我れはただ己が心の奥底に住む
しみじみとこの人の世を厭《いと》ひけりけふ此の頃の冬の日のごと
運命の鉄の鎖につながれて打ちのめされて立つ術もなし

と詠じているのは、知識人に対する好い教訓である。

悟道の文明を開く

学問文化が栄えて、文明人は衰退の影を長くし、世界の人類は滅亡の脅威にさらされている。政治はいかにすれば人を救うことができるであろうか。国際連盟も駄目であった。国際連合もその前途を甚だ危ぶまれている。

法律や機構や政策だけではどうなるものでもない。結局人物である。衆生病む故に我れ病むというような、人類の悩みを己自身に抱いて、世の救いを祈る熱烈深刻な魂を持った政治家が輩出して、そういう人々が各国の政権の座に就いて、互いに誠を尽くして協議するようにならねば世界は治まらないであろう。

たとえすべての国家代表が集まって、国家主権を廃棄し、単一の世界国家を作ることに成功しても、この世界国家によって制定せられる法律命令がいかにして実行されるであろうか。

タキツス Tacitus の言った通り、道徳なき法律は何か Quid leges sine moribus である。

現代の悩みの究極は果たして偉大な道徳的人物が輩出し得るかということであり、そういう人物が乏しくないとしても、いかにしてそれらを有力な政治的地位に配置し得るかということである。哲人政治というものが新たな世界の最大の政治的課題であると信ずる。

松平定信が三十の青春を以て宰相の大任を受け、田沼以来の悪政を根本的に改革しようという決意から、ひそかに本所吉祥院に詣でて納めた願文がある。

天明八年正月二日、松平越中守義《ぎ》、一命に懸け奉り心願仕候。当年米穀融通宜しく、格別の高値無之、下々難儀不仕、安堵静謐《ひつ》仕り、並に金穀御融通宜しく、御威信御仁恵下々へ行届き候様に、越中守一命は勿論、妻子の一命にも奉懸候て、必死に奉心願候事。右条々相調はず、下々困窮、御威信御仁徳行届かず、人々解体仕候義に御座候はば、只今の内に私死去仕候様奉願上候（下略）

と切々たる祈願、真に胸を打たれるものがある。今までは主として知識の文明であった。今後の人間は悟道の文明を開かねばならない。

朋友

世の中にもし友というものが無いならば、生きぬける人は非常に少ないであろう。世に容れられず、多くの人々から無視されていても、幾人かの人々、あるいは一人でもよい、否、唯一人ならなおその感が強かろう、自分を認めてくれる友があったら、それほど嬉しいことはないであろう。むしろ人々から離れて、却って友は得られるものかも知れない。

友という字は手と手を合わせた文字である。手をとり合う、手をつなぐことをそのまま形にしたものである。

朋という字もある。肉と肉と相寄ったものとも、月が相照らす形とも、二つの貝を並べたものとも、鳳鳥《ほうちょう》ともいうと、いろいろの解説がある。

説文では、同門、つまり師を同じうするを朋といい、志を同じうするを友というとしている。

しからば朋はたくさん有るが、友はなかなか無いことにもなる。そのせいもあろうか、ぐるになる悪い意味に「朋党」の語をよく用いる。

文を以て友を会し、友を以て仁を輔《たす》く（以文会友以友輔仁。論語・顔淵）。志を同じうするということは、理想、従って教養、即ち文の関係である。それによって、我々の生命人格を補い輔けてゆくことができる。それが輔仁である。

直《なお》きを友とし、諒《まこと》を友とし、多聞を友とす（論語・季氏）。

そこからやがて友山や友松や友梅や友石等の多くの友ができる。

しかし友交にも素交と利交とがある。

人間と人間との自由な友交、裸の交わり、地位や身分や年齢や利害やそんな世俗的なものに一切捉われないのが素交であり、その反対に、何かためにするところのあるのが利交である。

五　交

利交に五種を挙げることができる（文選《もんぜん》・広絶交論・劉峻）。
一は勢交―勢力に随う交際。二は賄交―金があてのつきあい。談交―言論名声のためのつきあい。窮交―うだつのあがらぬ仲間つきあい。量交―相手の成功不成功を量ってのつきあい、成功したと見ればたかり、失敗したと見れば寄りつかぬようなつきあい。こういう友交は卑劣不快だ。そこで厭世の心を抱くと、などが生じる。蘭・菊・蓮・梅・竹である。

五友・四友

もっともこれは、明の薛《せつ》敬軒がその『友竹軒記』に記するところであって、他に別な五友も十友も自由自在である。

南宗の游炳《ゆうへい》は、明月清風を道友とし、古典今文を義友、孤雲野鶴を自来友、怪石流水を娯楽友、山果橡栗《しょうりつ》（とちの実とくりの実）を相保友として、これらの五友は片時も放せぬものとしているが、後の三友の名はどうも慊《あきた》りない。

五交から連想するものに仏経中の四友説がある。

一に華友―花の如く、好き時は頭にも挿むが、萎めば棄てるように、富貴を見ては附き、貧賤なれば棄てるような友のこと。二に称《しょう》（秤）友―物重ければ頭を低《た》れ、軽ければ仰ぐが称《はかり》である。物をくれる者を敬い、くれぬ者を馬鹿にするような友のこと。三に山友―例えば金山の如く、鳥獣之に集まれば毛羽為に光る。己貴くして能く人を栄えしめ、富楽同じく歓ぶような友のこと。四に地友―百穀財宝一切地に仰ぐ。施給養護して恩徳の薄からぬような友のこと。

親友―尚友

友について、四分律（四十一）にまたすこぶる情を得た説がある。阿難が仏に、どういうのを親友といたしますかと尋ねた。仏答えて曰く、一、与え難きを与う。二、作《な》し難きを作す。三、忍び難きを忍ぶ。四、密事を語《つ》ぐ。五、密事を他に向かって語らず。六、苦に遭うも捨てず。七、貧賤たるも軽んぜず。この七を具うるものを親友と為すと。

まことに首肯させられる。なかんずく四と五とに感を深うする。密事を語ぐは、別の語で言えば、包み隠しをせぬことである。さりとて内密のことをべらべら他人にしゃべるようでは話にならぬ。友にもいろいろあるが、結局次第に進んで古人を友とするに至る。之《これ》を尚友という（孟子・尽心）。

出処進退

韓信・張良・范増

出処進退というものは実に難しいもので、民間のいろいろな世界を見ても、人間の常に新しい切実な問題ということができよう。

古来節を全うす――全節ということ、特に晩節を大切にすることを重んずるのはもっともなことである。仕事もでき、地位も上がるに従って、人間はますます欲も出れば、誇りも生じ、執着も強くなって、その反対に後進を軽視し、不満が多くなり、また先輩を凌ぐ態度や行動も出がちである。これが叛逆にも通ずる。あさましいことである。

股くぐりで有名な韓信、即ち漢と楚との抗争に劉邦《りゅうほう》―漢の高祖を決定的勝利に導いた功労者の名将韓信が、後に謀叛の嫌疑で誅せられた時、果たして人言の如く、狡兎死して走狗烹《に》られ、高鳥尽きて良弓蔵《おさ》められ、敵国破れて謀臣亡ぶ。天下已《すで》に定まる。我れ固《もと》より当《まさ》に烹らるべしと嘆じた話は古来よく知られているが、スターリンや毛沢東の時代にそれが更に甚だしいとは、歴史の教訓を改めて深思させられるものがある。

軍司令官の韓信に対して参謀総長ともいうべき張良の、進退に関する明智は、後世長く語り継がれている。『史記』は、功成り名遂げた彼が、「今三寸の舌を以て帝者の師となり、万戸に封ぜられ、列侯に位す。此れ布衣《ふい》の極なり。良に於て足れり。願わくは人間の事を棄て、赤松子に従って遊《あそ》ばんと欲すのみ」と言って、仙人生活の修業を始めたと伝えている。赤松子は黄石公などと同じく仙人の名であるが、赤松や黄石はまことに永遠そのものを象徴するうまい名である。人間臭い名利の世界を去って超然と大自然の中に生きようとする気概と理念は、東洋人が共通して憧憬するところである。司馬遷は張良を伝して最後に、風采態度の堂々たる偉丈夫かと思ったが、その実際は婦人女子のように優しく見える人であったらしい。それが彼の彼たる所以《ゆえん》かと記している。

張良に対して人々が聯想《れんそう》するのは項羽側の謀臣范増であろう。彼は劉・項両者の劇的な鴻門の会に、項羽をして劉邦を殺させようとして、項羽の優柔不断、遂にその機を逸し去ったことに慨嘆した『史記』の活写で周知の人物であるが、彼も項羽が漸《ようや》く彼に疑心のあるを感じとると、大いに怒って、天下の事は大体決定したようなものです。君王自らおやりなさるがよい。私はおいとま賜わって平の人間に帰りましょうと、辞職してさっさと故郷に発ったが、まだ帰りつかぬうちに背に疽《そ》（できもの）を発して死んだ。昔から男児憤激を内に蓄えるとこうなるといわれている。いかにも憤懣やるかたなさをよく表わした文章である。

義命と全節、隠居入道

中国が元の征服を蒙って惨禍に陥った時、身を挺して民衆の救済に当たり、その職に殉じた烈士の張養浩に『三事忠告』という優れた遺著がある。

一は大臣を対象とした廟堂忠告、二は司法官警察官たちを対象とした風憲忠告、三は地方官を対象とした牧民忠告で、最後のものは山鹿素行も訳刊している。

私は昭和十三年の春、日本の中国進出に際して、深憂のあまり全篇を訳註して軍部や政府官僚に頒ち、後になって中日両国の思わぬ有志の人々から深甚な謝意を表わされて、いささか自ら慰めたことがある。

その廟堂忠告、即ち大臣心得の最後に退休の一章があり、風憲忠告も、節を全くすること――全節を以て結んでおり、牧民忠告も終わりの方に、進退と義命と、進を己に求むることと、風節ということを論じている。

それらの中に、近世の人々は惟《た》だ進むに狃《な》れ、退けばとんとぼんやり（惛然）して一向何もできない。地位だの名誉だのというものは、偶然に来るものと古人が説いている（荘子・繕性）。

そんなものがあっても自分自身に何の加うるところがあるか。そんなものがなくなっても、何の損するところがあるか。大切なことは、自分自身がいかなる人間かというところにあることを思わずに、地位だ名誉だ財産だと徒に物によって自己を軽重するなどは、人品の卑下なること明らかである（進退皆有為）と論じ、君子は義を以て命に処し、命を以て義を害しない。

即ち世に処していかなることに遭遇しようが（命）、良心の判断（義）を以て当たり、禍福利害のために良心を害《そこな》うことをしない。良心の判明するところ、進むべき場合は進む。退くべき場合は退く。命というて自らごまかさない。良心的に楽しければ行くし、憂うる場合は之を去る。命だなどと逃げ口上を言おうか。世間の富貴利達の境に沈んで、そこから出ることのできないものは、ともすれば命ということにかこつけて、そして自ら誣《し》うるものである。それで、いつも我から禍にかかっていって、卒《つい》に悟ることができない（以義処命）。

志ある者は進を己に求むべきで、人に求めてはならない。その進を己に求むということは、道業学術の精にほかならず、進を人に求むとは富貴利達の栄に過ぎぬ。富貴利達は結局我が外にある問題で、自ら求めて必ずしも得られるかどうか分からぬことであるが、道業学術は自分に内在する、自ら啓発せねばならぬものである。古人も元来富貴利達などは問題にしておらない。

それなら何故従仕するかといえば、それによって道を行なうことができるからである。道行なわれず、我が理念するところが行なわれないで、しかも富貴利達であることは、古人はこれを恥として、栄としない（求進於己）。

名節の人間におけるは、金品ではない富であり、地位や身分とは別の貴である。人物にして名節のないのは女の不貞と同じ。いかなる暴災がつきまとってもやむを得ない。他の美があっても贖《あがな》うに足りぬ。だから先輩は言うている。爵禄は得易く、名節は保ち難いと（風節）。

古今賢者の言っていることは皆同じで、例えば私の銘記している一例を挙げると、明治大正の読書人が多く愛読したスイスのアミエルも、人間の真価を直接に表わすものは、その人の所持するものではなく、その人の為《な》すことでもなく、ただその人が有するところのものである。――偉大な人物とは真実な人のことである。自然がその人の中にその志を成し遂げた人のことである。彼らは異常ではない。唯、真実の階梯を踏んでいるのであると、その有名な日記の中に記している。

近代経済学の大家で、特に最近の日本に喧伝されたケインズも、その後の著作、『我が若き日の信念』の中に、我々はいかに善を為すか how to do good より、いかに善であるか how to be good の方が要義 much more important であると断じている。

つまらぬ人格の者でも、寄附をしたり、出世したりすることはできる。しかし、いくら寄附をしたり出世したりしても、つまらぬ人間はつまらぬ人間で、却って富貴によってますます人間を堕落させ、大害をなしかねない。貧富貴賤順境逆境、何に処しても変わらぬ自分というものが真実なのである。

封建時代には隠居入道ということが愛された。隠居と入道とは離されぬ一連の問題で、世俗の生活、名聞利達の生活というものは自己の真実・人生の真義を失いやすいので、さっさとそんな現世的なものは後継者に譲って、自己と人生の真実に生きようとすることである。そこで武田晴信も機山信玄となり、上杉輝虎も不識庵謙信となった。

その所行は別として、志は我々解するところがなければならぬ。平清盛が浄（静）海入道となっても、法衣の下から鎧の金具がちらついて、最後まで修羅の妄執に悩んだのは悲惨であるが、その入道の苦悩は、やはり人間の真実を味わわせるものと言わねばならぬ。このごろは、人も世も何と真実の失せたことであろう。

日用心法

身体と生活

道は邇《ちか》きに在りとは名言である。人は高遠な理論や、煩瑣な社会的交渉の前に、あるいはその根本において、常にまず我れ自身、我が日常の生活を注意せねばならぬ。

しかるに案外思想家とか学者といわれる人々に、病的な性格や生活が多く、重要な地位に就いて活動している人々にも弱点が少なくない。健康な身体に健康な精神が宿るとは人皆の知る格言であるが、果たして健康な身体であるかが既に簡単なことではなく、たとえ健康としても、健康な身体に、健康な精神が宿ればよいがと、ローマの諷刺詩人ユヴェナリスも言っている。

環境と身体—精神と身体—日々の生活と身体等の微妙な関連は、思い及ばぬ微妙なものがあり、その大和を得ることができれば、人間のいざこざなどは、自然の雨・雪・風雷などと同じく問題ではない。むしろ人生の情景である。そこで我々日々の生活と心得とでもいうべきものを一通り省察してみよう。

第一は極めて通俗なことで、しかもこれが非常に難しい――それは飲食の問題である。自分は毎日の飲食を適正にやっておるか。過度や不合理でないかということを吟味する。『中庸』には、人飲食せざる者はないけれども、よく飲食を知っておる者はめったにないということが書いてある。

なるほど、確かに飲食せぬ者はない。俗に「生きる」ということを「食う」という言葉で表わしておるように、飲食というのは生活の大部分かも知れない。その飲食を我々が適当にやっておるか、誤ってやってはいないかということを、本当に明確にしようと思ったら、それこそ生理・病理からして際限なく知識を要する。

そんなことはとてもできないが、絶えず注意して正しく飲食する。賢明に飲食するといってはおかしいが、これは研究するほど限りなく面白い有益な問題で、一番悪いのは、暴飲暴食や妄飲妄食することである。

日本人はもっと飲食を合理的に、もっと正しくする必要がある。日本人は栄養を摂るということよりも、むしろ、満腹という言葉が表わしているように、腹に詰め込むという悪習慣がついている。外国を旅行して、たびたび気がついたことであるが、西洋人の飲食は一般に簡単で、日本人はそれに比べると重い。〝大めし食い〟が多い。そうしてまた不合理な飲食が多い。

例えば、しばしば体験することであるが、自分のかわいい子供が胸を病んでおるのを、母親が看病しながら、栄養を摂りさえすればよいと思って、そのおっかさんは、一日のうち半分寝ている青年に、牛乳を飲まないか、お肉を食べないかというふうに、卵を幾つも食わせたり、パンにバターを塗りたくったり、そういうようにうまいものを食わせなければならないものだと思って、食いたがらない子供に一所懸命バターとか、チーズとか、卵とか、牛乳とか、肉などを勧めている。また、青年も甚だ非科学的であって、何かそういうものを摂らなくては自分の身体がもたないと思っている。そして、実は自殺を招いておるのである。なしくずしの自殺をフル・スピードでやっておる。

食物は消化し吸収することが必要なので、胸の、呼吸器を病んでおるというのは、既に全体が弱っておるし、消化機能も衰えているのだから、それに肉とか、卵とか、バターなどを詰め込むことは、全くとんでもない無理である。なるべく、そういうものは少なくして、もっと消化しやすい、吸収しやすいものを与えなければならない。うまいものを食べるよりも、食欲をつけることを考えなければならない。

我々が本当に飲食しようと思ったら、時々は断食や節食をやる方が、うまいものや、薬を飲むより良いことである。だから、母親はあんまり病子にそんなものを食べさせぬようにして、食欲をつけることを考えなければならない。そして体情に応じて消化しやすい、吸収しやすいものを与えろと説明してみても、なかなか納得しない。場合によっては誤解して、ひがみもするであろう。これは非科学的な不合理なもので、「妄食」といってよい。ビフテキ・豚カツをたらふく食って、酒を飲む——なども、非科学的な、不合理なものである。昔の人々の方が、その点却って合理的で、科学的に食物を摂っている。

昔の酒飲みは、必ず酢の物とか、淡泊な、あっさりしたものを摂った。我々の食事は、やはり陰陽の原理で、酒というものは陽性なものだから、酒の肴には陰性のものが良い。酢の物とか、野菜とか、淡白なものが好い。牛や豚を大食して、酒を飲んでおったら馬鹿になることは間違いがない。私の親しい医学者の話に、毎日ビールを飲んで、豚カツを食っていたら、三カ月で馬鹿になるということを理論的に説明しておった。我々は不合理な飲食・馬鹿な飲食を案外やっておるものである。くだらぬ小説や論文を読むよりも、こういうことを研究した方が、よほど人生の役に立つ。

第二に、毎晩よく眠れるかということである。眠るということがいかに人体に必要な問題であるかはいうまでもないが、とにかく、よく眠ることは非常に大事である。眠りにもいろいろある。まず、安眠と熟睡と両方を要する。熟睡というのは深く眠ることで、これは、つまり生理の問題である。安眠というのは、より多くは心理的問題である。精神状態が平和であると安眠ができる。安眠と熟睡とは、そういう点で違う。

精神状態は平和であっても、どこか健康に支障があれば、熟睡はできない。疲労すれば熟睡はできても、精神状態が不安であると、安眠にはならない。囚人が監獄を脱走して、山の中を歩き疲れた時など、熟睡はするが、それは非常に不安眠である。我々はやはり精神生活に伴うて安眠する。

それから、疲労の度によって熟睡、あるいは浅睡になる。常に安眠して熟睡することを考えねばならない。そして熟睡は案外短時間でよい。既に生理学者が証明している通り、眠りは最初のうち、うつらうつらして本当に寝入っておらない。それからしばらく熟睡して、そうして、またうとうとしてくる。これは大変気持ちのよいもので、これを惰眠という。西洋でも東洋でもそうだが、有為有能な人に共通しておることは、〝惰眠〟せぬことである。

蔣介石総統が心酔した曾国藩《そうこくはん》という清末の偉人がある。この人が日記や手紙に、「黎明即起」「醒めて後、霑恋《てんれん》することなかれ」と力説している。

霑恋というのは、床離れの悪いことである。確かに我々朝寝坊をするのと、しないのとでは、非常に違う。能率が上がるばかりじゃなく、精神状態も爽快である。それに案外少時間の安眠熟睡を得れば足りるが、精神的に不安を持っておると、どうしても熟睡がしにくくて、眠りが浅くなるから、惰眠の時間が長くなる。そこで毎晩よく眠れるか、安眠・熟睡ができるかどうかということを点検することは大いに意味がある。

アメリカのある大学の心理学研究室で、大学生の生活調査をやった報告を見たが、その中でやはり飲食や睡眠を調べておった。その報告に依ると、いわゆる惰眠が多い。不安眠が多い。本当に規則正しい生活をして、学問や運動に打ち込んで、安眠・熟睡、黎明即起、醒後霑恋せざる者は寥々《りょうりょう》たるものである。大学生時分はそれでも済むが、社会人・事業人になると非常に注意しなければならぬ。特に人の子の親となれば、子供に好影響を与える第一はこの健康な早起きである。

第三は、自分の心身に影響を与えておるような悪習慣はないかということである。

朝起きると、亀の子のように寝床から首を出して、煙草を吸いながら一向起きないとか、夜遅く晩酌をやりながらくだをまくとか、麻雀などをやって、またしても夜明かしするとか、一度銀座通りのような処をうろついてこぬと本が読めぬとか、案外人間にはつまらぬ習慣があるものである。そういう悪習慣のあるなしを自ら検《しら》べるのである。

人生は習慣の織物であると、有名なスイスの哲学者詩人であるアミエルが説いている。全くその通りである。

第四は、適当な運動をしておるかどうか。運動というものはその人によらねばならない。その人によって、かなり過激な運動も良いし、場合によっては柔軟運動が好いし、また場合によっては静坐・調息あるいは散歩といったものが良い。運動というものは、その人に適したものでなければならない。

運動そのものがいかに良くても、その人に適するとは限らない。いずれにせよ自分自身に適当な運動をすることが大切であるが、かねて本会で推奨している真向法は万人向きであると思う。

乗り物の発達は人間をひどく不健康にする。文字通り「不足」にするのである。

精神と生活

第五、自分は日常生活上の出来事に一喜一憂しやすくないか。つまり日常の出来事に軽々しく感情を乱されるようなことがありはせぬかということ。

生活上の問題に一喜一憂しやすく、特にすぐ悲観したり、昂奮しやすいというのは病的で、事を成すに足りない。こういう人は環境に支配される力が強いのであるから、自己の主体性がないのである。自身の中に豊かな大和的内容がないのである。伝染病にかかりやすい弱体と同じことである。

第六に、たとえそういう精神的動揺があっても、仕事は平常通り続け得るかどうかということである。

そういう感情上の動揺があっても、仕事は平常の如く続け得られるというのは、それだけバックボーンができておる証拠なのである。理性や意志の統御の利く人である。

昨日の失敗のために、今日の仕事が妨げられないでゆけるという試練、終始一貫してゆけるか、ちょっとした失敗で、すぐその仕事が厭《いや》になるかという差別の及ぼす結果は大変なものである。

それには第七、絶えず次のようなことを自分で反省し、修養する必要がある。それは毎日の仕事に自分を打ち込んでおるかどうかということである。

我々は案外精神が散乱しやすい。ものに打ち込むということは難しい。東洋哲学でいうと、〝止〟という言葉がある。これは「とどまる」であるが、実はものに打ち込んで一体になることで、〝止観〟といえば、ものに打ち込んで、ものと一つになって、ものをその内から観る叡智・直観をいうのである。

ある役人の練達な事務家が、「自分は廻って来た書類を摑むと、大体これは良いか悪いかということが分かる」と言っていたことがある。それは仕事に打ち込んできた経験が、だんだん直観力を発達させたのである。

私どもも、絶えず思想的な書物を、終始何十年も読んできておるので、そういう本ならば、手に取ってパラパラめくると、この本は良いか悪いかということが分かる。果物屋は、蜜柑でも、柿でも、木を見て、良否はもちろん、幾つなっておるかということまで大体当てる。それでちぎってみると、五つか六つくらいしか違わない。機械の熟練技師もそうである。機械を一々分解しなくても、機械自身どこが悪いということを訴えるというが、本当に分かるのである。

すべてそこまで行けなければいけない。それには仕事に打ち込んでおるかどうかということから始まる。

第八、自分は仕事にどれだけ有能であるか。自分は仕事に適するか。こういうことを絶えず自ら実験してみることである。

ところが案外自分は有能である、有能でないという判断が当てにならぬ。しばしばとんだ錯覚や浮気があって、自分の柄にもないものを、いわゆる〝下手の横好き〟で好い気になるものである。

興味があるということと能力があるということとは違うのに、よくそれを錯覚する。えてして、自分本来の能力を意識しないで、自分の本来の能力でもない、自分にとっては枝葉・横道の方へそれやすい。

だから、本当に自分はこの仕事に適しておるかどうかということも、案外冷静に克明に吟味しても、容易に断定することのできぬ問題である。まず自分を虚心・無欲にせねば判断できない。

第九、現在の仕事は自分の生涯の仕事とするに足りるかどうかということ。

もし生涯の仕事とするに足りないと思われれば、できるだけそれを生涯の仕事にするに足りるように研究するか、何かそこにまた落ち着いた正しい工夫と努力とを要する。

我々の心構えと努力の如何《いかん》によっては、どんな小さいことでも、生涯の仕事とするに足りるものである。いかなる小事も深く入ってゆけば、大和の理によって無限に世界が開けるからである。

第十、仮に自分の仕事がどうしても自分に合わぬ、自分の生活が退屈であるとすれば、自分の満足を何によって得るかという問題。

我々が退屈するということは案外いけないことである。我々が働くことによって消費されるエネルギーよりも、退屈することによって消費されるエネルギーの方が大きい。退屈するということは非常に疲れることであり、毒なことであるということが、最近医学的にもはっきり実験証明されている。だからその意味においても、我々は退屈をしてはいけない。あくまで敏・敏求・敏行でなければならぬ。

曾国藩が四耐ということを挙げている。四つの忍耐、一つは冷やかなることに耐える。人生の冷たいことに耐える。第二は苦しいことに耐える。第三は煩わしいことに耐える。第四は閑に耐える。

この閑・退屈に耐えるということが難しい。〝小人閑居して不善をなす〟というのは名言であって、まことに退屈せぬように、もし仕事がどうしても自分に向かぬという時には、どういう仕事なら打ち込めるかを調べる。漫然とテレビを見たり、小説に読み耽ってせっかくの時を無駄にするなど、すべてもったいないことである。

そこでその次、第十一、とにかく自分が毎日絶えず追求する問題を持ち続けるということ、そういう思案や反省と同時に、さしあたり毎日、今日はこれをせねばならぬ。それからあれをやるのだという、絶えず追求する明確な問題を持っておるかどうか、もっと直接にいえば、とりあえず今日何をせねばならぬかという仕事を持っておるかどうか。今日はもちろん、明日是非これをやらなければならぬという仕事を持っておるかどうかということである。

第十二、自分は人に対して親切であるか、誠実であるか、ちゃらんぽらんではないか――を反省すること。事業人として社会人として、一番その信・不信の分かれるところは、人に対して誠実であるか、ちゃらんぽらんかということである。

あいつはちゃらんぽらんだということになると、能力があっても駄目である。多少愚鈍であっても、誠実であるということは必ず社会的信用を得る。利口な才子よりも、鈍くても真面目な人間が尊い。

第十三、自分は人格の向上に資するような教養に努めておるかどうか。人間を作る意味の教養に努力しておるかどうか。

我々はいろいろな本を読んだり、趣味を持ったりするけれども、案外人間を作るという意味での学問修養は、なかなかやれないもので、とにかく義務的な仕事にのみ追われて、気はついていても人格の向上に役立つような修養には努力しない。少し忙しくなってくると、そういうことを心掛けることはできにくいもので、地位身分のできる頃に、悲しいかな自分自身は貧弱になる。下に在る間は良かったが、上になるほど駄目になる、不評になるのは、悲劇であり、恥辱である。

第十四、特に何か知識技術を修めておるかどうか。つまり何らかのエキスパートになる努力をしておるかどうか。

昔から〝芸は身を助く〟というが、我々は人間としてよくできておると同時に、何か一芸一能を持たなければならない。つまりエキスパートであるということは、我々が社会人としての生命を維持するにも非常に大事な条件である。あの人でなければならぬという、何か一つを持っておることは、非常な強みである。少なくともつぶしのきく人間になる。それだけの素養を持っておる、いや持っておるのみではなくて、いやが上にもそれを磨くことである。

最後の第十五、これは非常に深い問題であるが、自分は何か信仰・信念・哲学を持っておるかどうか。これは一番人間としての根本問題である。

その人から地位だの、名誉だの、身分だの、報酬だのというものを引いてしまう、あるいは親子だの、妻子だのというものを引いてしまうと、何が残るか。何も残らぬということではいけない。一切を剝奪されても、奪うべからざる永遠なもの、不滅なものが何かあるかという時、答えられる人間にならなければいけない。それはつきつめたところ、何らかの信仰・信念・哲学というものを持っておらねば能《あた》わぬことである。

現代社会は社会学者が多く説いている通り、恐るべき「病める社会」である。その点で昔よりも人々は危機にあるといって過言ではない。この生活法より自分の日常の仕事、自分の内面生活、社会関係を健全にしてゆけば、自分というものを容易に病ませたり、若朽させないで、どんどん進歩してゆくことができるであろう。

こういう志を持たずに、うかうか活動しておると、容易に現代社会の複雑な、非常に恐ろしい病的魔力のために侵されて、案外速く自分を駄目にしてしまう。これは冷厳な事実である。志有る人物は宜しく冷に耐え、苦に耐え、煩に耐え、閑に耐え、激せず、躁《さわ》がず、競わず、随《したが》わずという心掛けを以て努力せねばならない。

三　座右銘選話

行動の原理

簡明が蔵する無限の味わい

これから、古人の名作であるいろいろの座右銘を味読しましょう。まず後漢の崔子玉《さいしぎょく》の作です。

元来世間の人々は、長編論文なんていうものによって人生を渡るものではない。大抵は片言隻句、即ちごく短い、しかし無限の味わいのある真理・教えによって、生きる力を得るのであって、論理的知識を駆使して長々と書き記された論文・論説などは、専門家の知識・技術の研究には役に立つけれども、人生の案内にはならない。人生の幾山川を渡る力にはならない。

凡《すべ》て実在するものの本然の姿は何かというと、非常に複雑な内容を持ったものが、極めて単純な形を取る。例えばここに一個の果物がある。この果物は極めて簡単な一つの姿形である。しかしその成分となると、計り知れぬ複雑なものである。私はレモンが好きで、よく食べる。ある時レモンというものはどういう成分のものかと思って、専門家に教えてもらったら、七十幾種類もあるのに驚いた。実際はどれほどあるか分からんという。ところが、これを分析抽出してしまったら役に立たぬ。それが渾然一体となって、極めて単純な姿になっている。そこに微妙な果物の存在がある。

人間そのものだって、これを分析して、人間は何からできておるかということになれば、限りなく複雑なものだ。すべて生というもの、生きる姿、生きる力というものは、極めて複雑なものが単純な形を取って存在している。

言葉でもそうです。人間の言語というものは、複雑な内容を持って、それが単純明晰《めいせき》な表現にならなければいかん。徹底して言うならば、片言隻句に表現される――そういう言葉・文句ほど尊いのです。だからえらくできた人の言葉は単純です。だらだらと、お前一体何を言おうとするんだというような、つべこべ言う人間は、できておらん。できるに従ってあまりつべこべ言わん。単純明白に表現する。それでは原稿料にならんから、二～三枚で済むのを百枚の長編などにする。あれは実に迷惑とも言える。マスコミなんていうものが発達すると、人間の思想が混乱するわけです。

だから、古来本当に人を動かしてきた言語・文章などは、共通して単純明白な形を取っておる。銘とか箴《しん》とか、詩偈《しげ》（詩の形を取った悟り・教えの言葉）がその例である。仏心宗という禅は、この無限的直観的単純性を尊ぶ。従って禅僧は偈を愛する。論説といったようなものはあまり好まない。儒家でも道家でも、従って箴とか銘が発達しておる。

四不殺の銘

崔子玉という人は後漢の大学者で、名は瑗《えん》。学問・人物共に優れ、為政者としても立派な治績のあった偉い人です。この崔子玉の座右の銘は、日本でも平安朝以来特に読書人に愛好された『文選』の中に録されておるが、こういう歴史的な由緒のある作品であるから、試みにこれを冒頭に掲げておいた。この人の作で世間に割合よく知られておるものは、四不殺の銘であろう。

「嗜慾《しよく》を以て身を殺す無かれ」。人間は皆、己の嗜好で身を殺す。

「貨財を以て身を殺す無かれ」。これは古今変わらぬ常人の愚蒙だ。

その次は、**「政事を以て民を殺す無かれ」**。これも更に痛切な問題。現今日本の政治家たちも、こういうことを静かに反省する余裕や良識を欲しい。ソ連や中共の支配者等は、政事を以てどれほど民を殺したか分からぬ。これはもう計り知れぬものがある。それだけでも人類に対する大罪悪である。文化大革命などというが、これは「蛇《じゃ》の道は蛇《へび》」のソ連が評する通り文化大破壊だ。しかしソ連や中共の政府ばかりではない。いずれの権力主義国においてもありがちのことである。しかしそれよりももっと目立たないで、もっと恐ろしいものがある。

「学術を以て天下を殺す無かれ」である。学術が人を殺す。これはちょっと常人の考え及ばぬ深刻で恐るべきもの。これは政治のように誰にも分かる性質のものでない。学術というといかにも尊いもののように思う。しかし、古来学者とか思想家とかいう者が、いかに人間を誤り、人間を殺したか。昨今ますます甚だしいではないか。最後の一言実によく効いている。絶句の起承転結の法にもかなっている。

詩、特に絶句は四句から成り立っておる。その第一句が起句、その次が承句、それから転句、最後を結句という。詩人によっては起句に凝る者がある。物事は出だしで多く決まるから、無理のないことだが、これに反して素直に、あまり目立たずに、すらりと出るというゆき方もある。

詩人でいうと、李白という人は、出だしによく度肝を抜くような句を作った人だ。ところが、出だしをあまりすばらしくやると、後が続かぬ、後が振わない。李白の大詩人を以てして、終わりの振わぬ詩が少なくない。

人間・人生もそうで、少年時代に神童などと言われて、終わりもそれにふさわしく大人物になったなどという者はめったにない。十で神童、十五で才子、二十過ぎれば並の人という諺がある。そういう風にとかくなりがちだ。それより、子供の時は平凡で、だんだん年を取るほど偉くなったというのは却って本当です。とかく若い秀才というものは頼りにならないものだ。嗜慾を以て身を殺す無かれなど、出だしは平凡、素直だ。

よく明治時代の詩人に流行《はや》った話で、山陽が絶句の作法として、「京の三条の糸屋の娘」、何のことかと思うと、これを承けて「妹十八、姉二十」と歳を言い、そこで転句がまただらだらしたんではあくびが出る。そこで一転しておやっというものが出なければいかん。曰く、「諸国大名は弓矢で殺す」。今まで「京の三条の糸屋の娘、妹十八、姉二十」ときて、それとおよそ縁もゆかりもないような、諸国大名は弓矢で殺す。一体何の事だろうと思うと、「糸屋の娘は目で殺す」、結局なるほどと肯《うなず》かせるような、人生もこうだという。

孔子も四十にして惑わずというから、二十、三十ぐらいまでは平凡でもよい。しかし四十になれば、うーむと唸らされるところがなければならぬ。気合のかかるところがなければならぬ。そして好々という終わりを現ずる。それが人生の起承転結だ。結句に入る頃にぼけてしまったり、くたびれてしまったり、何やらわけの分からないような、うやむやに終わってしまったりしては情けない。そのためにも転というのが特に難しい。人間の四十、五十というところが一番難しい。人生の転機だ。この時にくだらぬ道楽を覚えたとか、柄にもない一攫《いっかく》千金を考えて、とんだ罪に引っかかったり、まあよくあることです。こういうのが生きた真理、生きた哲学である。

仁とは本来何か

さて初めに返って本文を挙げる。

無道人之短　人の短を道《い》ふなかれ
無説己之長　己の長を説くなかれ
施人愼勿念　人に施しては愼んで念《おも》ふなかれ
世譽不足慕　世誉は慕ふに足らず
唯仁爲紀綱　唯仁を紀綱と為《な》す

紀という字は糸の乱れをおさめる、筋道を通すという意味。それの太いものが綱である。人間の求むべきものは世間の名誉・権勢というようなものではなく、そんなものは本当に望ましいものではない。唯仁を紀綱とする。その本筋・大綱は仁というものである。

ところが、この仁という語ほど普及したものも少ないが、意外なほどその仁の意味が一般に正解されておらない——というよりは非常に誤解が多い。またかと気がつくのは、「医は仁術なり」という言葉です。このごろの新聞や雑誌を見ると、よく医者が、殊に保険医制度が行なわれるようになってから、よく言うことで、医は仁術なりなんて、そんなことを言って、この世の中に食ってゆけるか。医者だって人間だから、金を取らなきゃ——まあこういう考え方があって、仁術という言葉を排斥しておるが、本来はそんな意味ではない。

仁というのは、天地自然が万物を生み育ててゆく創造・造化の徳をいう。だから人間の生命、健康を増進するのが仁である。医は仁術なりということは、医は人間の生命を、従って身体を健康にしてやる術ということだ。病を治す。人を健康にしてやる術、これが仁術という意味で、謝礼を取るとか取らぬとかいうことは本来問題ではない。それは貧乏な者、哀れな者から、謝礼なんかもらわぬ方がよいが、元々は、取る、取らぬ、そんな問題ではない。いくら無料で診療してやっても、殺してしまったんでは、これは不仁術だ。よく言う、病気は治った、患者は死んだ……。これでは仁術ではない。手術は完全に行なわれた。而《しこう》して患者は死んだ。そんな医術は仁術とは言えない。これは非常に誤用されています。

あの人は仁人だというたら、何かよく金をくれる、よく物を寄附してくれる人のように思うが、そんなのは仁人に本来関係がない。仁人とは、人を生かしてくれる人ということで、いくら広く寄附しても不仁者は不仁者。いわんや自分の名誉だとか、商売だとか、成功とかいうことのために、人に物を贈ったり、金を贈ったりなんていうのは仁人でも何でもない。本当に心からその人の徳を以て人間の生を進めてゆく、高めてゆくというのが仁術である。「唯仁を紀綱とす」――いかにして生を救い、生を高めるか、人間というものを幸福にするかというのが根本原則である。

隱心而後動　心に隠《はか》りて後動く

隠というのは、「よる」とか「はかる」とかいう意味である。自分の心によく相談をして、そうしてそれから行動する。自分の良心に恃《たの》むところ、信ずるところがあったならば、

謗議庸何傷　謗議庸何《なん》ぞ傷まん

謗議何をもってと読む人もあるが、庸を読まずに、何ぞでもよい。つまり人の評判、そしり、そういったようなものは、心にはかって信ずるところがあるならば問題ではない。

無使名過實　名をして実に過ぎしむるなかれ

名というのは評判。それが実に過ぎるということはよくない。

守愚聖所臧　愚を守るは聖の臧《よみ》する所

あるいはよしとするところでもよい。愚を守るということは聖の、良識者のよみするところである。

在涅貴不緇　涅に在れども緇《くろ》まざるを貴ぶ

涅はでつ・ねつ、どちらの音でもよい。これは黒土のこと。このごろはやりのヘドロ、これなど現代の涅です。涅に在れども、そういう黒い物、汚れた物の中にあっても、その汚染を受けない。緇まざるを貴ぶ。あらゆる物心公害の今日、感慨を催す句です。

淡こそ味の極致

曖々内含光　*曖々《あいあい》として内に光を含め

*太陽が浮雲を透して明るいように、内に徳を含め。

柔弱生之徒
老氏誡剛彊

柔弱は生の徒なり
老氏は剛彊《ごうきょう》を戒む

柔弱は生の徒なり。これは『老子』に最もよく出てくる。柔の剛に勝つとか、弱の強に勝つとか、人、生まれるや柔弱、その死するや堅強。万物草木の生くるや柔脆、その死するや枯槁《ここう》。そういうことがよく『老子』に書かれておる。老子は柔弱、つまり硬化しない、素直で弾力的な自然的生命の代表として水を挙げておる。老子は水の讃美者です。「上善は水の若《ごと》し」。善の上なるものは水だ。最もうまいものも水だと古人も言うておる。「淡として水の如し」。なるほどそう言われれば、死にがけに酒を持ってこいとか、コーヒーが欲しいとか言う者はない。水、水と言う。やっぱりこれが一番うまいのだろう。『荘子』に「君子の交《まじわり》は淡として水の若《ごと》し」という名高い言葉がある。ある弟子が先生に、「それじゃ、君子の交なんてつまらんじゃありませんか。即ち何だか味がなくて、そうして水みたいだというんでは面白くないじゃありませんか」と言われて、先生が答えられなかったという話もあるが、これは淡とか水とかいうことの意味が分からんからであります。

淡というのは、そんなあっさりした味気ないという意味ではない。味の極致を淡という。甘いとか酸っぱいとかいうことを通り越して、何とも言えない味という。老子はこれを無の味と言うておるのです。それを淡という。何とも言えない、強いて言えば無の味、それは何だと言えば、実在するものでは結局水だ。万物は水から出たことは御承知の通りだ。人間の身体も八割は水だ。だから結局死ぬ時には、水が足らなくなるから、水ということになるんで、結局水が一番うまい。

その一番うまい水を汚染してしまう公害というものは、しかもそれが近代文明の害だというのだから、文明は今や明にあらずして、めいはめいでも迷であり、やがては冥土の冥となる。恐ろしいことになってきた。

私はいつか「師と友」に、緑陰茶話というものを書いて、茶の説明をしたことがある。煎茶というのは三煎する。その第一煎で、良い茶の芽、それへ湯加減をよくして注ぐと、最初に茶の中に含まれておる甘味が出てくる。その次にはタンニンの渋味を味わう。それから三煎して、カフェインの苦味を味わう。甘味、渋味、それから何とも言えない苦味、その上がつまり無の味、淡の味である。これを湯加減して味わい分けるのが茶の趣味、茶道である。

人間も甘いというのはまだ初歩の味です。あいつは甘い奴だという。これはまだ若い、初歩だ。だいぶ苦味が出てきたというのは、苦労して本当の味が出てきた。だから人間が大人になってくると、だいたい甘い物は好まなくなる。甘い物が好きなんていうのは、これはあまりできておらぬ。苦言、苦味を愛するようになる。そうなってくると何でも渋くなって、それから苦を愛し、淡を愛し、無という境地になる。

結局そういう意味で、柔弱というのは、生の純なる姿である。硬《こわ》ばるというのは折れやすい。人間、子供の時には体は柔軟だ。弱もやわらかいという字だ。年を取ってくるにつれて硬ばってくる。それはいけないんで、いつでも柔軟なところがなければならない。これが生の徒であると老子が戒めておる。剛彊、これは質実剛健というような意味ではない。硬化するという意味です。

行々鄙夫志　行々たる鄙夫《ひふ》の志

行々というのは、つまり一本調子で変化を知らない、柔軟な変化自在という創造力、生みの力のない、硬ばった、融通のきかない、拘泥するところの多い姿をいう。つまらん人間は、どうもぎくしゃくして、真理が分からぬ。

悠々故難量　悠々として故《まこと》に量り難し

悠々というのは大抵善い場合に使うのだが、この悠々には二つある。善い意味の悠々と、悪い意味の悠々。悪い意味の悠々というのはわけ分からずに空しく存在し、空しく過ごす。そういう正反対の意味、これは悪い方の意味です。何のために生きておるんだか、何を考えて生きておるんだか、まことに分からぬ。それではいけない。

愼言節飲食　言を愼み飲食を節し

知足勝不祥　足るを知って不祥に勝て

足るを知っては、足を知ってと読んでもよい。人間は足が大切だ。このごろの医学・医術は非常に足を重んずるようになった。足を治さぬというと病気は治らぬという研究が大変発達してきました。また現実の治療界にも、足を診たらその人のどこが悪いということが分かるというような名人が出てきた。東京の板橋に柴田という足を治す大家がおる。この人は、人間の足の指を見たら大体その人の健康内容が分かる。足の治療をして大抵の病気は治す。その意味では、足るを知ってという読み方ももちろん普通であるが、足を知って不祥に勝てという読み方も決して間違いではない。というどころではない、非常に面白い。

行之苟有恒　之を行うて苟《もし》恒あらば

もしは苟《いや》しくでもよいが、もしでよい。恒というのは不変の真理だ。変わらざる人間の

節操、徳だ。之を行うて恒あらば、変わらないなら、

久々自芬芳　久々、自《おのずか》ら芬芳《ふんぽう》ならん

おのずから香り高い、心の香り、人間の香りが高くなるであろう。

文明の恐るべき罪悪

静かに熟読玩味してきますと、なるほどこの座右の銘は非常によくできておる。深夜こういう教えを、銘を味わってみると、我々の存在、我々の生活、我々の知慧、行動などというものが、いかに浅薄なものであるか、いかに偏見が多いものであるか、世間の思想だとか評論だとか学問だとかいうものが、いかに間違いが多いかというようなことが、本当にしみじみ分かる。

やはりこういう人生の真理、我々の存在、生活、行動の深い原理というものの学問、言い換えれば道を学ぶということがないと、いくら忙しくかけ回ってみても、騒いでみても、どうにもならない。例えば公害というと火のついたように皆騒ぐが、これもいくら法律を作ってみても、いくら設備をやかましく言ってみても、人間の心掛けを直さぬ限りは結局どうにもならぬ。結局滅亡するばかりですね。

このごろは廃棄の時代だという。物を棄てる、廃物処理の時代だと、まあえらい時代になったもので、世界歴史始まって以来、廃棄の時代などというのは初めてだ。二十世紀の終わりになって廃物に困るという。日本だけで六十万工場があるそうだが、去年あたりは五千八百万トン廃物を出しているようである。これを海や河や、山や町に棄てておる。アメリカは今年、自動車の廃物が一千万台出るという。日本もだんだんそういうふうになってくる。そういう廃棄物に今一番悩んでおるアメリカやイギリス、フランス、ソ連、中共等、太平洋・大西洋・大陸上空で核爆発の実験を行なう。これらは文明の恐るべき罪悪だ。

とにかく文明は、挙げて廃物を作って、それに人間が絶大な脅威を受ける。妙な結論に到達した。

去年の師友会の大会の直前、ヨーロッパのNATO総会で、ニクソン大統領の特別補佐官でモイニハンという人が、最後の日に演説した。そして、このままでゆくと公害のために文明国民が半減する。つまり半分死んでしまう、半減期に入った。これは十年乃至《ないし》二十年ぐらいで来ると、つとに専門家が憂えておったのだが、昨今の勢いではそう長いことは言うておれぬ。五年乃至十年後ぐらいに来る。だから何とかしなければ——それも、急いでしなければならんという演説をした。

これはヨーロッパやアメリカに非常な衝撃を与えたが、このことを日本の新聞・雑誌では、私が注意して見たけれども、何も書いてない。私はこれを事細かに去年の大会で発表したが、皆あっけにとられたような顔をしたきりで、師友会の諸君の集まりだったけれども、へえーっというようなことで、あまり取り上げてくれなかった。議会の冒頭、総理がこの公害を取り上げて大警告をするように当局に注文したけれども、これまた、採用してくれなかった。

人間というのはそういうもので、どたん場にならぬというと真剣にならない。もう少し早く手を打てば何とかなる、こんなに苦しまずに済む。これは世の中ばかりではない。我々個人がそうで、大体病気をして医者にころがりこむとか、病院に行くとかいう時には、もう元来手遅れなのだ。少し早く気がつけば、どんな病気だって大したことはない。癌なんかだってそうだ。初期に手当てすれば簡単にかたづく。

ところが、もう末期症状になってから初めてあわてだすので死ぬ。ところが医者に言わせると、早期に発見して、「君、癌だ」と言うと大抵怒るという。親切に早く治してやれば、癌でもないのに癌と言うて金を取ったと恨む。それだから、本人が苦しむまで放ったらかしておいて、どうにもならなくなってかけこんで来て、それからまあ、内心「ざまみろ」と言うわけにもゆかんから手当てをしてやる。何とか九死に一生を得れば、あれは偉い医者だと感謝する。予見通り死なせても、これは癌だから仕方がないと諦めてくれるという。

かくの如く患者とは愚かなものであると、しばしば名医が言っております。患者の方がそれぐらい愚かなのです。少しく道理を学んで目が明いたら、人間はどれぐらい幸福か分からぬ。やっぱり道を学んで、古聖・先賢の教えを難しいことのように思わずに、道元禅師の言われる通り、少し心掛けを良くすればまことに人生は無事なのです。

人生と信友

限りない信頼の歓喜

人間の意識というものは全く不思議なものである。一夜ふと、ボナール（A. Bonnard）はどうしたのかなという念が浮かんだ。アベル・ボナールなんていう者を、永の年月、考えたこともなければ、もちろん著書を読んだこともないので、全く不思議である。彼は天才的詩人であったが、第二次大戦にヴィシー政府の文相となったのが禍して、行方不明になった。そのまま遂に、少なくとも私は、その後彼がどうなったのか知らない。

随分以前に彼の名著『友情論』を読んだことがあり、古代支那を愛して『支那にて』の大著があるのでも覚えたのだが。全く不思議である。そこでその著の『友情論』を思い出し、ふと読みたくなったのが、夜中であるし、書庫に行くのも面倒である。そのうちに、ふとその書の会心の言葉を幾つか備忘録に記入しておいたことに気がついた。早速座辺の書架に詰め込んであるノートを見当つけて引き出して繰っておったら、たちまち見つかった。これも不思議で、感応の妙というものであろう。

自然界の物質が既に不滅であると同じく、精神も不滅である。精神が不滅であるから人間は思い出すということがある。精神が滅するものならば思い出すということもないはずで、また夢を見るということもある。人間の意識が滅するものならば夢はないはずである。人間の深層無意識の世界は全く神秘である。文字通り無尽蔵で、王陽明に「自家の無尽蔵を抛却《ほうきゃく》して、門に沿ひ、鉢を持して貧児に倣ふ」という名高い詩があるが、本当に我々は、自家の無尽蔵を抛却して、とりとめのない雑念に時を過ごしておる。

さて、そのボナールの『友情論』の中から記録しておいた七カ条、今新たに読んで感興を深くした。

一、誠の友には、限りない信頼の歓喜、いつでも理解してもらえるという確信があるから、何もかも言える楽しみ、雄々しく、また赤裸々な生活の陶酔がある。

好《よ》き父、好き母、これはまことにありがたいものであるが、何分肉親の情を主とし、その半面、親子の礼というものもあり、長ずるに従って開けっ放しというわけにはゆかぬ。どうしても要るものは良き師・良き友、まず以て得やすいのは良き友、本当の友、信愛することのできる友、信友である。これは人生におけるまず第一の幸福。信頼し合えるという喜びほど人生の幸福はない。世間というものは元来孤独になりがちで、とかく無理解・疎隔・断絶がつきものである。しかるに、理解してくれる、何もかも言える信頼の歓喜、これはありがたい。

自ら自らを知るということが既に難しい。案外人間は自分というものを知っておらない。ましてなかなか人を知ることは難しい。その他、人が自分を知ってくれる、本当の自分を知ってくれるというのは、これは人間の、殊に孤独になりやすい男子の非常な喜びである。男というものは元来女よりも孤独になりやすい、さびしい。これは非常に興味深い問題で、女は反対するかも知れないが、これは反対できない事理である。これに反対する男があったら、これはよほどつまらぬ男であろう。男女両性の本領というものが分かれば自明である。

試みに易の陰陽相対性理法からいうと、男は陽性である。陽性は表現し分化する働き、内なるものから外へ現われる。植物でいうと、種子から芽が出、幹が伸び、枝葉が分かれてゆく。孤独・離愁である。これに対して、分かれゆくものを結び、分派するものを統合して、それを内に含蓄する機能が陰である。女は陰原理を本領とするから、自然、男よりは本能的に統合性を持っておる。故に根が示すように生に耐える力がある。往々にしてそれを逆に考えるが、感覚でもそうで、痛覚でも男ほど痛くない、痛がらない。男ほど痛がったら、女は子を産めない。それだけ自然は、女というものにちゃんと十分なる用意を与えてある。だからそのことわり＝理知というようなものは男に発達しているが、直観的能力は女に発達している。

だから、何でもない婦人で、男からは恐い婦人が随分ある。私の知人でもう亡くなったけれども、随分女道楽者があった。その夫人が茶道に凝り、なかなか出来物《できぶつ》であった。女房が茶を点《た》てている時、彼はつとめて敬遠した。「お茶を召し上がれ」と言われるくらい恐いことはない。前へ坐らされて、女房が茶を点てると、「あなた今夜はどこへ行った。どう遊んだ」とちゃんと当てたという。

そういう直覚力は、女の方が発達している。論理的思考などというのは、一応男の長所である。ところが、理窟なんていうものは枝葉末節のものに過ぎない、さびしいものである。だから、男というものは多くさびしがり屋だ。どうしても、同じ生命、精神の交流する友というものが必要である。本当の友を得ると、限りない喜びが湧いてくる。そして何かにつけて、彼が理解してくれるという確信はうれしい。共に飲める、楽しく酔える。

信友の相互感化

二、多数の俗人から認められず、少数の友人から認められることは楽しい。

こういう楽しみになるとまた別趣がある、深味がある。『伝習録』の中に、天下悉《ことごと》く信じて多しと為《な》さず、一人之《これ》を信じて少なしと為さずという名文句がある。多数の俗人はどうでもいい、自分というものを本当に認めてくれる一人の友人で既に十分なのである。

三、真の友交は、精神の宮殿における心と心との楽しい饗宴である。

私は、甚だ好かなかったルソーから、だんだん感心な言説を発見してより、見直したことがあるが、友誼という問題に関しても、こういうことを言っている。「金銭はすべての快楽を毒する。私の好きなのは例えば会食の楽しみだ。但し上流の集まりの窮屈さ、居酒屋での酩酊なども私には辛抱できない。それよりも一人の友人との差し向かいということでないと、その楽しみを味わうことができない」。ボナールの言うておることとおのずから相通ずる。

三国志の英雄たちの間にある物語の感激の一つは、こういう信友・知己の劇的な物語である。その一つに、呉の君主孫権《そんけん》と名臣周瑜《しゅうゆ》との物語がある。つとに周瑜に目をつけておった魏《ぎ》の曹孫《そうそん》が、当時江淮《こうわい》の間に才弁を以て聞こえた、つまり人を説得する名人であった蔣幹という人物がある、彼に命じて、何とかして周瑜を自分の陣営に連れてきたい。ちょうど劉備が諸葛孔明を物にしたように周瑜を味方につけたい。しかし、どうも孫権・周瑜はよほど相許しておるようであるが、何とかしてこれを取れぬか、お前行ってうまく物にしてこいというわけで、蔣幹を周のもとに派遣した。その意を体して蔣幹は周瑜を訪ねたが、その時、周瑜はもとより使者の本心はよく分かっておるから、洒々落々《しゃしゃらくらく》として自分の心境を端的に述べた。これが実に名文で記されている。

「瑜、幹にいうて曰く、丈夫世に処し、知己の主に遇ひ、外・君臣の義に託し、内・骨肉の恩を結び」、当時呉に喬という名家があり、そこに美人の誉れ高い姉妹がいた。この姉娘の方を孫権の兄の孫策が妻にし、妹娘を周瑜が娶った。従って権とも義兄弟の間柄である。そこで内は骨肉の恩を結び、「言行はれ、計従はれ、禍福之を共にす。たとえ蘇張(蘇秦・張儀。遊説の名人)をして更生せしむるとも、瑜の雅量高致は言辞のよく問する所にあらざるなり」。とても言葉なんかで彼らを離間するというようなことなどできるものではありませんと蔣幹は言ったという。友誼・友情の最も美しい劇的な典型ということができる。

四、信友同志の集まりは、いかにささやかに見えるものであっても、そこに集まった人々を、

凡俗とは異なった別の人間にし始めるものである。

こういう信友・知己の集まりというものは、いつとなくそれらの人々を凡俗とは異なった別種の人間にし始めるものである。自然にその間の相互感化の力が生じて、いつとなくそのグループの人間は、他の通俗なグループと違った、精神的調子の高いものになってくる。

これは非常に微妙な問題である。近世史を見ても、ロマノフ王朝が行き詰まって、ロシヤが新しい局面を開くに至った。そのロシヤの変革はどうして行なわれたか。決して雑然たる大衆から生まれたものではない。やっぱりレーニンとかトロツキーとかスターリンとかいうような、最初一人、二人、少人数の交わりから生まれてきた。ヒットラーしかり、ムッソリーニもまたしかり。一般大衆というものは、優れた指導者を得て初めて性能を発揮するが、大衆そのものからは決して優れたものは生まれない。むしろ大衆それだけでは人間を動物化するものである。人間の進歩向上とか、新しい世界の開拓というものは、極めて少数の人間の結びから生ずる。ボナールもここに着眼して、こういうことを言うているのである。

忘却の偉大さと寛容の徳

五、偉大な魂の主はその敵を軽蔑するものではなく、実は忘れるものなのである。

敵を軽蔑するのと、忘れるのとでは非常に違う。人間、その精神、心の価値が非常に違う。軽蔑というものはやっぱり一つの不徳である。忘れるということの方が遥かに広大無私である。敵を軽蔑するのではなく、忘れるということのできるのは、それこそ本当に偉大な魂の持主である。

中国の大動乱によって江南に逃れた東晋の始、東晋の元帝という皇帝を輔《たす》けて東晋を維持した宰相の王導、それから周顗《しゅうぎ》、これは周伯仁という字《あざな》で言った方がよく知られておるまことに大人物で、王導というのも大功臣であるが、まあ悪くいうと、独活《うど》の大木というようなところがあった。これの弟に王敦《おうとん》という者がおった。周伯仁というのは本当に大人という人物でかつ英邁であった。彼らが集まって宴飲する。それこそ死生の間を共に馳駆した親友であるから、皆遠慮なく話し合う。周伯仁は王導・王敦兄弟を尊重するが如く、無視するが如く、とんととらえどころがない。王導は周を尊重しながらも、忌み憚る、あるいは畏れ憚るところがあった。

その周伯仁は太鼓腹であった。王導はある時酔って、「尊公の腹は一体何がはいっておるか」とふざけたことがある。そうしたら彼はにやにや笑いながら、「いや、からっぽさ――この中空洞、物無し。但卿等《ただけいら》数百輩を容るるのみ」。お前さんたちの数百人は楽に入れられるさと言った。

ある時、王敦がしきりに周伯仁の曲事を帝の前で弾劾した。彼を尊重する元帝は困って、伯仁に、そんなことがあるのかと聞いたところが、伯仁先生悠々として、はいはい、私は元来万里の長江の如きもんで、「豈《あ》に千里一曲せざらんや」―千里に一ぺんぐらい曲がっています、と笑って答えた。愉快だ。日本人ではちょっとこんなことは言えない。やっぱり揚子江のような大江、海だか河だか分からぬような、それこそ万里の長江に育った人間でないとできない表現である。

支那ではしばしば奪権闘争をやる。今日の中共でいう奪権闘争、その時に周伯仁は絶えず王導を庇った。そのうちに、周伯仁も奸物の攻撃を蒙った。この時、当然庇わなければならぬ王導が、遂に彼を見殺しにした。元帝は痛恨したという。この奪権闘争というものは、何も毛沢東に始まるものではない。支那の歴史を見るとざらにあることで、人々の物質文明や知識文明では一向に救われぬ問題である。中共もこの次は毛と周との破局になるかも知れない。元来、毛沢東の福建・江西から延安に移る、いわゆる大長征の直前は、周と毛とはむしろ対抗しておった。宿怨の間柄。ボナールの言とは反対に「実は忘れぬものなのである」。善良なる忘却は即ち超越である。「偉大な魂の主」にして初めてできる。

六、寛容は超脱の最も丁寧な形式である。

超脱は望ましいことである。しかしこれは難しい。往々にして冷淡・無視となる。忘却よりも、超脱よりも、もっと丁寧な形式。人間として美しい精神・態度は、なるほど寛容である。とは言うものの、これまた容易なことではない。凡庸な我々に行じやすいこととして、私が時々体験することは、「心、雑欲を慎めば則《すなわ》ち余霊有り。目、雑観を慎めば則ち余明有り――」(清・金蘭生)という教えである。余とはそのお陰の予期せぬ効果をいうもので、全く少しでも雑欲を慎めば、そのお陰で精神が働くようになる。くだらぬものをなるべく見ないようにすれば、そのお陰で本当のものが見えるようになる。

七、感情を害しやすい性格の人々には春がない。

理知を頭の問題とすれば、感情は胸の問題である。感情を害しやすいことは徳を喪いやすいことで、春のない、即ち荒涼たる人生となる。「肝胆相照らす、天下と共に秋月を分かたんと欲す。意気相許す。天下と共に春風に坐せんと欲す」というふうになりたいものである。

唐の戴弘正は、密友（親密な友）一人を得るごとに、これをノートに書き入れて、香を焚いて亡き親たちに告げ、之を金蘭簿と称したという。もちろん、「二人心を同じうすれば其の利《と》きこと金をも断つ。同心の言は其の臭《におい》蘭の如し」（易経・繋辞上）に依ったものである。何となく英国のサミュエル・ジョンソンを連想させられる。英国人と教養、英国人と交友ということになると、昔からまず以てジョンソンを思い出すことになっているが、人懐《なつ》っこい彼は「友の得られぬ日は失われた日である」と考えていた。日本も新しく交友の道、友情・友誼論が起こるようでありたい。

世の頽廃と生の愛惜

変化《へんげ》の理

前節の終わりに、唐の戴弘正が密友（真に人生自我の秘密を語り合える友）一人を得るごとに、香を焚いて謝し、これをノートに書き入れたという金蘭簿の故事を記しておいた。このごろのような頽廃し混乱している世の中に在って、特に大切な密事の一つは、外部の騒ぎや汚れに毒されない清浄な自己内密の生活を持つことである。私は長の年月、たまま孤坐している時、ふと心に囁《ささや》く古人の語に容《かたち》を改めることがある。ここに紹介する『徒然草』の一節もその一例である。兼好法師曰く。

蟻の如くにあつまりて、東西にいそぎ、南北にわしる人、高きあり、賤しきあり、老いたるあり、若きあり。行く処あり、帰る家あり。夕《ゆうべ》に寝《い》ねて朝《あした》に起く。いとなむ所何事ぞや。生《しょう》を貪り、利をもとめてやむ時無し。身を養ひて何事をか待つ。期《ご》する所ただ老と死とにあり。其の来る事速《すみやか》にして、念々の間に止《とど》まらず。これを待つ間、何の楽しびかあらむ。まどへる者はこれを恐れず。名利《みょうり》におぼれて先途《せんど》の近き事をかへりみねばなり。おろかなる人は又これを悲しぶ。常住《じょうじゅう》ならむことを思ひて、変《へん》化《げ》の理《ことわり》を知らねばなり。（同書第七十四段）

人間は、時にはやはりこういう諦観を持たなければ、ちょうど根のつかない草木と同じこと。確かに一種の無常観と言える。この無常観は、このごろ流行の言葉を使えば一つの脱社会で、永遠というものに参ずることである。よく虚無というけれども、こういう無常や虚無というものは、実は非常に積極的、創造的なものである。なおこの文の次に、兼好は続けて、

つれづれわぶる人はいかなる心ならむ。まぎるゝ方なく、ただ一人あるのみこそよけれ。世に従へば、心外《ほか》の塵にうばはれて、まどひやすく、人にまじはれば、言葉よその聞きに随ひて、さながら心にあらず。人にたはぶれ、物にあらそひ、一度《ひとたび》はうらみ、一度はよろこぶ。そのこと定まれる事なし。分別《ふんべつ》みだりにおこりて、得失やむ時

なし。まどひの上に酔へり。酔の中に夢をなす。走りていそがはしく、ほれて（ぼけること）忘れたる事、人皆かくの如し。いまだ誠の道を知らずとも、縁を離れて身を閑《しずか》にし、事にあづからずして心を安くせむこそ、しばらく楽しぶともいひつべけれ。生活《しょうかつ》・人事《じんじ》・伎能・学問等の諸縁をやめよとこそ摩訶止観にも侍《はべ》れ。（同書第七十五段）

と記している。

組織と機械化の中に自由と意義の喪失を歎じている人々よりも、むしろ時代の波に乗って、はなやかに活動しているように見える人々の方が、たまたま我に返った瞬間、却ってこの感を切にするであろう。

生活人事云々の語はまるで現代語の感を持つが、確かに摩訶止観の語である。この書は天台智者大師（隋初の人）の説法を弟子章安が筆録した有名なものであるが、その巻四下にこの語が出ている。生活とは正に日常生業《なりわい》のための活動であり、人事とは慶弔等のさまざまな人間交際の諸事。伎能とは本職外の雑技雑能。麻雀がどうの、ゴルフがどうのという自慢の類である。学問ということも、真の学問の意味ではない。世渡りのためや、自己を衒《てら》う外道《げどう》の意味であることは言うまでもない。

それでは世に疎くなるという批難や不安を免れまいが、厳しく言えばそれぐらいでちょうど好い。まして宗教人・法師においては、なおさらのことである。兼好もその次に、「法師は人にうとくてありなむ」と言っている。このごろの世相でも少年や青年男女が、いやに早くませてしまって、人間臭く、俗悪になっているのは、決して文明文化ではなく、人間の動物的退化現象にほかならない。兼好流に言えば、正に少青年子弟は世にうとくてありなむである。

真実の道

そう言っても、やはりそれでは世渡りができぬという俗見がぬけ難い。しかし、それで却って人間の確かな道が分かるのである。我々が毎日実践しておる最も明白なものは何かといえば、道を歩くということである。我々は道によらなければ、むやみに出かけても何にもならないばかりか大いに危ない。山に登るのも好い例である。軽々しく山登りをすれば、とんでもない遭難をする。道を知るということが大事である。道によらなければどうにもなるものではない。

ところが、道などと言うと、何か現実生活から離れた、うるさい、実生活には関係のないもののように思う誤解がいつも多い。そうではない。道というものは一番実践的なものだ。道によらなければ我々はどこにもゆけない。人生またしかり。そこで、道を学ぶということが人生の根本である。

しかし、この誤解は随分昔からあったものとみえて、まず禅家で言うならば、一番日本の世俗にも普及しておる禅書といったら『碧巌録《へきがんろく》』であろう。その『碧巌録』の冒頭、上杉謙信で名高い不識から始まっておる。これは一体何の問答か。

有名な仏教信者・研究家でいわゆる信仰に凝った梁《りょう》の武帝、これは非常に面白い劇的人物である。この人が仏教に凝って、従って名僧というものに憧れた。この人は仏教を信じ、仏教に尽くすということは、結局寺を建てたり、僧を供養したり、経典を説いたり、信仰を弘めたりすることで、そういうことをすれば大変な功徳がある。その功徳というものを浅薄・通俗に解して、いやしくも帝王の身が普通の者にできない大いなる功徳を積めば、一体どんな功徳があるだろうか。それが知りたかった。

そこへ、インドの名僧達摩大師が案内されてきた。『碧巌録』にはその大事な前段階が書いてなくて、いきなり「如何《いか》なるか是れ聖諦第一義」というところから始まる。つまり仏教の第一義というものはどういうものかという問答から始まっておる。それでは面白くない。その原書『景徳伝灯録』や、二〜三原典を読むと、その前段が書いてあって大変面白い。

それを見ると、待ってましたとばかり武帝が、自分が仏教界のために尽くしてきたいろいろの貢献を縷々《るる》述べ立てて、これほど自分は仏教のために尽くしてきたが、どういう功徳があるだろうかということを聞いた。

達摩大師がさぞかし感涙を催させるようなありがたい答をしてくれるだろうと期待しておったところが、達摩は冷然として「無功徳」――そんなものはありません。さようなものは、影の形に随《したが》うが如きもので、有と雖《いえど》も実にあらず。と親切に答えてあげたけれども分からない。

どうもこれだけ仏教に尽くして無功徳ではやりきれない。影の形に随うが如く、有と雖も実にあらずでは、武帝取りつく島がなくて、「それではお尋ねするが、一体仏教の第一義というものはどういうものか」と聞いたら、「不識」――そんなことは知りませんと答えた。知りませんと言ったのか、分からんことだと訳した方がいいのか、難しいところだが、武帝は単純であるから、名僧と言われる人が仏教の第一義を知らんなんていうのは、一体何事だというので、「朕《ちん》に対する者は誰ぞ」――一体そういうお前さんは誰だと聞いた。その辺から『碧巌録』に出ておる。そしたらまた「不識」と答えた。それで結局二人が合わない。達摩は見切りをつけて去ってしまった。

これから面白い話が出てくるけれども、ここでは余事。これは何も難しく取り扱わなくてよいこと。いくらでも今日の世の中、いわゆる知識人の中にある問題である。人間が真に知るということは、頭の先（大脳皮質的）のことではなく、身体・体験・全我の問題でなければならない。具体的経験・実践を通じて、初めて真理を活学することができる。

老婆心の説

日本の禅界で、学行人物綿密崇高で知られた道元禅師に好い逸話がある。師年二十四、博多から出て明州に着き、まだ船中におって、初めて阿育王山の典座《てんぞ》に遇った。典座は、平たくは雲水即ち禅僧たちの賄方である。禅堂では典座の地位は非常に重い。修行僧は思索工夫に耽り、難行苦行するものであるから、よく栄養失調になったり、神経衰弱になる。といっても俗家のいわゆる栄養物を食わせられない。そんなものは多く毒だということは、今日このごろようやく識者に分かってきた。本当の身になる栄養を摂らせて、それが肉食でない料理にしてやらねばならない。その他いわゆる「老婆心」を大切とする。そこで最もよく物の分かった、道の修行の助けになるような、練達の人を典座につけるということが、唐代以降、禅が教団的発達してきた頃から生じてきた。

そういう典座老人に会って、四方山《よもやま》話をしておるうちに、若い道元は、「あなたはそのお年で、どうして典座などの苦労をなさるか」と聞いた。するとその老僧は、しげしげ道元を見て、「あなたはまだよくお分かりにならぬようだな。上陸したらうちのお寺に来なさい」と言って去ってしまった。その一言が道元入宋《にっそう》第一歩の開眼であった。

道元は晩年に至っても、その高弟、例えば英才の義介（价）に、お前はまだ老婆心が足らぬと誡めている。懐奘《えじょう》はその点で、最も円満成実の法嗣であった。その『正法眼蔵随聞記《しょうぼうげんぞうずいもんき》』は古来禅門の一宝典である。その中に私の愛誦している一文を紹介する。

「師（道元）曰く、先聖必ずしも金骨に非ず。古人豈《あに》皆上器ならんや」（これにもいろいろな版本があって、最も新しいものでは、昭和十七年に大久保道舟氏が尾州の長円寺から発見された長円寺本がある。それによると記録にいささか異同がある）。人には上器もあれば、中器、下器もある。古人といえば、皆上出来の人たちであるかといえば、そういうわけのものでもない。「滅後を思へば幾何《いくばく》ならず」、この滅というのは、言うまでもなく仏・釈迦牟尼至尊が亡くなったこと。それから後、そんな金骨上器の人というのはそうあるものではない。「在世を考ふるに、人皆俊なるに非《あら》ず。善人もあり、悪人もあり。比丘《びく》衆の中に不可思議の悪行なるもあり。（比丘といえば言うまでもなく出家した男をいう。女子は比丘尼である。）最下品《げぼん》の器量もあり。しかあれども卑下し、やめりなんと称して、道心を起さず、非器なりというて学道せざるはなし。今生《こんじょう》にもし学道修行せずんば、何《いず》れの生《しょう》にか器量の人となり、無病の者となりて学道せんや。ただ身命《しんみょう》を顧みず、発心《ほっしん》修行するこそ学道の最要なれ」

器量というのは面白い文字である。これは日本の民衆にも古くから通用する、いわば民衆用語になっておる言葉の一つである。大石内蔵助は器量人だというようなことによく使う。度量という言葉もある。度というのは物さし、人間はこれで計る。それからもう一つ、量は「ます」。何升、何合と量る。もう一つ重さを測る「はかり」の衡。皿に物をのせて分銅（権）をあっちこっちにやって棹（衡）が水平になった時、これを衡平という。これは分銅で決まる。権が大切なのであるが、これをごまかす。だから権謀術数という。それは別として、本来物をはかる、いれる度と量に器をつけて、器量といい、度量といえば、人間を示すに好い言葉である。

更に進んで、真の人間内容は無限定、超限定的な、変化極まりないものであるという意味においては、これを「道器」という。人間はいかなる者であっても、要するに器量人とならねばならぬ。その道心を起こさず、非器なりというて学道せず、修養道徳というようなことは何か生まれつき偉い人でなければできないことのように思うのは大きな誤りである。「今生にもし学道修行せずんば、何れの生にか器量の人となり、無病の者と」ならん。「ただ身命を顧みず、発心修行する」のが学道の最要だと——まことに明徹の教えである。

現代流行の考え方の更に一つの誤りは、大衆社会・集団勢力に眩惑して、個人の無力を感じ、個人的自覚や発憤努力を放棄して、集団的社会的頽廃の中に自己を投じ、苦難を避け、安易に就こうとするものである。ここにもう一人近世の哲人・スイスの敬虔な経世家であり、基督者《キリスト》であったヒルティの名言を録する——

「苦難は人を強くするが、安楽はすべてただ弱くするばかりである。副作用の無い安楽は、雄々しく堪えた苦難に伴う休息所である。およそ正当な苦難は、自ら必要な喜悦をもそれ自身に内蔵するものである」と。

天地はわが父母

志を抑えてまず道を学ぶ

前に崔瑗（子玉）の銘をお話しいたしましたから、今日は次の張横渠《ちょうおうきょ》・西銘に入ります。これも明治時代でおよそ書を読んだという人ならば、崔子玉と同時に、この張横渠の西銘を知らぬ者はないと言うていい代表的作品の一つであります。西銘というから東銘というものもあるかと思うでしょうが、確かにあります。東銘・西銘と並んであるのですが、東銘の方は物足りないというので、西銘が代表作品になっておるのであります。沖縄県選出の代議士に西銘《にしめ》順治という人があり、師友会の同人の一人ですが、御先祖は張横渠の学問に心酔した読書人であったのではないかと思われて興味が深い。いつか問うてみようと思っています。

この張載先生、名は載、字は子厚（一〇二〇―一〇七七。宋・真宗天禧《てんき》四―神宗熙寧《きねい》十）。横渠というのは号のように聞こえるけれども、実は自号ではなく、元来長安で生まれ、少《わか》くして陝西《せんせい》鳳翔府横渠鎮即ち南山（秦嶺）山麓の里に住み、晩年もここに帰棲講学したので、世人が横渠の先生という意味で横渠先生と言ったのが通り名になったのです。熊沢蕃山も同じことで、蕃山というのは自号ではなく、備州の蕃山《しげやま》村に隠棲した。「筑波山葉山蕃山《しげやま》しげれども思ひ入るにはかはらざりけり」という古歌に即して蕃山《しげやま》と名づけた自領の地ですが、この蕃山《しげやま》の先生、それで蕃山《ばんざん》先生になり、自用もした。

張子厚は少年時代から英邁で、天下国家に情熱を沸かし、志士に交わり兵学を修め、たまたま陝西に派遣されていた国士学者の范仲淹《はんちゆうえん》先生に会った。この人の『岳陽楼記』という作品は古今に名高い。その中に有名な「天下の憂ひに先んじて憂へ、天下の楽しみに後れて楽しむ」。いわゆる先憂後楽の語が今なお弘く用いられておる。「入っては相、出《い》では将」の重臣でありました。

その范仲淹は、彼を一見して偉器なることを知り、功名の志を抑えてまず道を学び、己を為《おさ》めねばいけないと教えて『中庸』を与えた。これは実に親切だと思いますね。このごろの学者・教育者というものも、こういう親切と叡智を以て後進を指導してもらいたいものだ。たいていは阿諛《あゆ》迎合しますね。あるいはこれを煽動する。特に近頃の進歩的文化人というものにその弊害がひどい。このごろの学者・教授と称する者が輩出して、どれほど人の子を誤ったか分からない。

　青年時代は万やむを得ざる時のほかは、外に馳せずしてまず自分自身を十分に修めて実力をつけなければならない。人間は大体四～五歳頃から十五～六歳頃までに自分自身を作るのです。天下国家に志気情熱があればあるほど、それを抑えて、自己の鍛錬陶冶に全力を上げなければならない。自分をいい加減にして、軽々に外に馳せると、多く軽薄無頼になりやすい。

　范仲淹は、こいつは偉い奴だと見込んだから、この青年に、覇気を抑えてまず『中庸』を読めと教えたのです。これに感悟した彼は、翻然として道に志し、長安に出て、十七年求道《ぐどう》生活に入り、三十八で進士にも及第し、仏教や老荘をも探究し、新しい思想界学界の先達欧陽修の知遇を得ました。特に洛陽の都に出て、程明道・程伊川、即ち二程と知り合った。有名な朱子学の大先達であります。これは、彼の学問求道に決定的な見識と信念を生ずる大影響を与えました。年は彼の方が明道より十二、伊川より十三上でしたが、そんなことは問題でありません。

　進士に及第した彼は、一時四川の雲巌県令や、陝西の軍政にも従軍し、神宗皇帝になってから中央にも出仕しましたが、有名な宰相王安石と意見が合わず、いわゆる衣を振って南山の旧廬に帰り、もっぱら講学と郷党の指導に当たったのであります。

天地の為に心を立つ

諸君もよく御承知の「万世の為に太平を開く」（終戦の詔勅中の一句）という言葉は、この人の有名な立言、即ち「天地の為に心を立つ。生民の為に命を立つ。往聖の為に絶学を継ぐ（往聖は一に去聖）。万世の為に太平を開く」の結語です。本当に大した卓見を表わしたものです。

「天地の為に心を立つ」。これは「天地、心を立つと為す」――と言ってもよい。天地の為に心を立つ。言い換えれば、人間は心というものを立派に造り上げるということが、人の為であると同時に天地の為だ。実は天地が心というものを創始したのだ――。

とてもなかなか納得し難いが、まあちょっと突飛な註釈を施せば――。

昨今とみに有名になったタイヤール、あるいはテイヤール（Teilhard de Chardin 一八八一―一九五五）。この人は支那研究でも有名な人で、北京原人の骨を発見した一人でもあり、元来敬虔なジェスイット派司祭で、地質学者・古生物学者、壮大な視野を持った進化論学者です。名高い物理学者のアインシュタインの方が二つ年上ですが、アインシュタインを半弦とすれば、テイヤールは他の半弦になる人で、両弦合して完全な円を構成することができると学者が言うくらい高く買われています。

彼は、人間を自然界の特別異なったもの、他の生物・無生物と別個の存在ではなく、進化という宇宙現象全体の部分を成すものとして見、知性や精神というものも他の現象と関係のない特別なものではなく、高度の貴重な自然現象として観察しました。

天地開闢《かいびゃく》の初め(atmosphere, hydrosphere)。その中から、やがていろいろと生命のない無機物世界(geosphere)が現われ、そこから有機的生命世界(biosphere)が現われ、動物の世界から次第に心が発生して、そこから次第に文明文化の世界(noosphere)が生じた。noos《ノース》はギリシャ語の「精神」です。彼の考察するところ、つまり大自然の創造の営みというものが、濛々《もうもう》たる天地開闢の時代から何億年、何十億年とはかり知れない創造の歩みを続けて、ようやくここに精神・霊魂というものを持つ人間を造り出すに至った。大自然の創造過程の最後、最後かどうか分からんが、長い長い努力の末に、ようやく人間世界、精神の世界、霊魂の世界、一言にして心の世界というものを創造したのだ——という。

これは西洋では、殊に科学者としては非常な卓見とされている。我々東洋人から言えば極めて平凡なことです。今までの西洋流な考え方では、人間というものが自然を征服した。科学技術の発達によって自然を征服改変するのだという考え方だ。ところがそうではなくて、自然の長い努力の果てに、生命の世界、霊魂の世界を開けたのだ。正に「天地、心を立つと為す」である。我々がその心を修めるのは、つまり「天地の為に心を立つ」ということだ。人間が心を持っておる。人間が心の世界を開くということは、これは天地の仕事なんだ。人間が天地に代わって行なうことである。天地の努力を継承することである。つまりテイヤールがようやく言い出したことを、八百年も昔において、張横渠は堂々と宣言しておるわけです。実に壮大な考え方です。大変な卓見です。

そうして「生民の為に命を立つ」。命とはいわゆる運命・立命の命です。生きとし生ける民、生きとし生ける人間は、それぞれ天という絶対者・創造者の営みを内具している、それを命というわけです。それを各自立派に遂行させ発揮させる。それにはどうしても、代々の聖賢（往聖・去聖）が遺して今や中絶しておるところの学問―絶学、それを継承し興起しなければならない。往聖の為に絶学を継ぐ。そうしてこそ初めて万世の為に太平を開くことができるのだ。

こういう大見識であり、大抱負です。これは古今東西を通じて特筆大書、西洋流に言うと黄金の文字を以て記されたものということができます。西洋でも、カントの墓標に千古の名言として刻まれたあの名言、これによってカントを不巧ならしめたといわれるくらいの、あの「上に在っては燦爛《さんらん》たる星空、衷に在っては厳粛なる道徳的法則」。こういう言葉に比べても、正直言って横渠の言の方が立派だ。

混然として中処す

こういう英邁な碩学《せきがく》が作ったのでありますから、西銘という作品は非常に珍重されました。

乾稱父。坤稱母。予茲藐焉。乃混然中處。故天地之塞吾其體。天地之帥吾其性。民吾同胞。物吾與也。大君者吾父母宗子。其大臣宗子之家相也。尊高年所以長其長。慈孤弱所以幼吾幼。聖其合德。賢其秀也。凡天下疲癃殘疾惸獨鰥寡。皆吾兄弟顚連而無告也。于時保之子之翼也。樂且不憂純乎孝者也。違曰悖德。害仁曰賊。濟惡者不才。其踐形者惟肖也。知化則善述其事。窮神則善繼其志。不愧屋漏爲無忝。存心養性爲匪懈。惡旨酒。崇伯子之顧養。育英才。潁封人之錫類。不弛勞而底豫。舜其功也。無所逃而待烹者申生其恭也。體其受而歸全者參乎。勇於從而順令者伯奇也。富貴福澤將厚吾之生也。貧賤憂戚庸玉女於成也。存吾順事。沒吾寧也。

乾を父と称し、坤を母と称す。予茲《ここ》に藐焉《えん》たり。及《すなわ》ち混然として中処す。故に天地の塞《そく》は、吾れ其れ体とす。天地の帥《すい》は、吾れ其れ性とす。民は吾が同胞、物は吾が与なり。大君は吾が父母の宗子。其の大臣は宗子の家相《かしょう》なり。高年を尊ぶは、其の長を長とする所以《ゆえん》なり。孤弱を慈《いつく》しむは、吾が幼を幼とする所以なり。聖は其れ徳を合す。賢は其の秀なり。凡そ天下の疲癃《ひりゅう》残疾、惸独鰥寡《けいどくかんか》は、皆吾が兄弟の顚連として告ぐる無きなり。時に之《ここ》を保つは、子の翼なり。楽しんで且つ憂へざるは、孝に純なる者なり。違ふを悖徳《はいとく》と曰《い》ひ、仁を害ふと賊と曰ふ。悪を済《な》すは不才なり。其の形を践《ふ》む者は、惟《こ》れ肖なり。化を知れば則ち善く其の事を述ぶ。神を窮むれば則ち善く其の志を継ぐ。屋漏《おくろう》に愧ぢざるを忝《はずか》しめ無しと為す。心を存し性を養ふを懈《おこた》るに匪《あら》ずと為す。旨酒《ししゅ》を悪《にく》むは、崇伯《そうはく》が子の養を顧みるなり。英才を育《やしな》ふは、穎《えい》の封人《ほうじん》の類を錫《たま》ふなり。労を弛《ゆる》めずして豫《よろこび》を底《いた》すは、舜が其の功なり。逃るる所無くして烹《ほう》を待ちし者は、申生が其の恭なり。其の受くるを体として全きを帰すものは、参《しん》か。従に勇にして令に順なる者は、伯奇なり。富貴福沢は、将《まさ》に吾が生を厚うせんとするなり。

貧賤憂戚は、庸《もっ》て女《なんじ》を成に玉にす。存は吾が順事なり、歿は吾が寧なり。

我々は、天地という父母から生じた全くちっぽけな、しかし万物の中に在って、ちゃんと生成化育（中処）しているものである。この中処という言葉は大変に意味が深い。その中に処《お》ると、平たく言うならば、それでも一応宜しいのだが、もっと深い意味があることに着眼せねばならない。中というのは、西洋流に言うと、正に例の弁証法的発展、つまり正―反―合である。

この考え方は西洋ばかりではない。東洋の学問、芸術など皆使っておる。民族の思想・文化の歴史を調べてみると、いくらでもある基本的な考え方であります。例えば日本の剣道にも、なかなか深い思索・工夫・叡智がある。その極意に守・破・離ということがある。在来の型を守る、それがまず正道だ。ところがあるところまで進んでくると、型にはまり、いわゆる因襲的になりやすい。それでは生命がなくなる。そこでその型を破る。いわゆる破格、最近流行語では「脱」だ。それはまだ相対的で、その上またこれらを綜合超出する――即ち離。その無限の進行が「中」です。

中処というのは、つまり矛盾対立の中にいないで、常に解脱創造の立場におるという意味。折中という言葉もそこで初めて分かる。「折」はくじくという字。何で「折」なんていう字がついているのか。資本家と労働者の間に争議が始まる。普通「中」というとまん中を取るというふうに考える。これを妥協という。折中妥協、これでは折中という言葉が迷惑する。そうではない、折という字がついておるのは、資本家と労働者と矛盾衝突しておるが、資本家が悪ければ資本家をくじ（折）いて、労働者側が悪ければ労働者側をくじ（折）いて、そうして正しい高所へ進めてゆくというので折中、折という字がついているのです。ただ歩み寄る、合わせて2で割るなんていうのは真の「中」ではない。それは中毒の方だ。妥協という語も本来好い言葉であるが、今は苟合《こうごう》（まあまあ歩み寄って合意する）の意味に俗用する。せっかく意味深い熟語が、調べてみると、随分悪用・誤用・濫用されておるものが多い。

混然中処。万物の中に混じておるのだけれども、その中にまごまごしておるのではなく、その中に在って、常に、それこそ創造の道を進歩向上—中しておる。これが混然中処の正解です。たった四句だが、思想は深い。そして卓見である。

自性は万物を統帥する

「故に天地之塞は吾れ其れ体とす」。あるいは体す。天というものは際限なく広がった空間であるけれども、その天体はすべて実体である。それを自分は自分の体にしておる。今日の言葉でいうならば、人体は無数の細胞より成る天地創造の一実体である。正に「天地の塞」である。天地は生成進化してやまない。万物を大統しておる。そこで「天地之帥は吾が其の性なり」。自分の天性―自性は即ち万物を統帥するものである。そうしてみると、民は皆吾が同胞である。物は吾が与《なかま》である。テイヤールもこれに開眼したわけです。

そこで、大君は天地という父母の宗子であり、其の大臣は宗子之家相、即ち本家の後嗣の支配人である。相（大臣）という字は面白い字であります。木偏に目という字が書いてある。昔の人は、木で家を建てたり、あるいは船を造ったり、いろいろしなければならない。そこで木をよく見ることが必要である。木を見分ける。そこで木偏に目という字を書いた。あるいは先の方を見通すのには、木の上に登る。それで先が分かる。そこで木の上に目を持ってゆけば一番よくその形を表わすが、それでは細長くなってしまうので、目を横において、そしてこれを「みる」と読む。これは遠方を、先々を見通すという意味である。そうしてこそ初めて、そっちへ行っちゃ駄目だ。こっちへ来なくちゃいけないと助けてやることができるから、「たすける」という意味にもなる。国民にうろうろまごつくのを助けて、先々の計を立ててやるのが大臣です。それでこの文字を大臣に使う。何相、何相という。だから先の見えない大臣なんてこの相に値せんわけです。

「高年を尊び、孤弱を慈しむ」は秩序を立てる所以《ゆえん》である。聖とは天地と其徳を合する者。賢とは天地と徳を合するとまではゆかぬが、人間として秀でた者である。およそ天下の疲れわずらい、不具癈疾《はいしつ》、よるべなき者、老いて配偶のない者など皆、本来吾が兄弟の落ちぶれてどこに訴えようもない人々にほかならない。癃《りゅう》は病垂れ（疒）に隆いと書いてあるから、背中が高くなるせむしのこと。また面白いことは、前立腺肥大症のことをもいう。昔からあったものとみえる。残疾の残はそこなう。惸はいろいろ心配ごとの多い、殊に孤独に通ずる意味で、鰥という字は老いて妻なき者です。

「于時」。ここにと読むが、この「時」という字は実は深遠な意味があります。時とは何ぞやという、西洋哲学でもやかましい問題ですが、それはしばらく措《お》いて、大切なあらゆる時点において、とでもしておきましょう。之を保つ、保んずるは子の翼《つばさ》である。鳥の飛行に翼がどんなに大切か。飛行機に乗る人々は特に分かるでしょう。「楽しんで且《か》つ憂へざるは、孝に純なる者なり」。孝行というものは何か骨が折れるもの、辛いことのように思うのは利己的な我執のせいで、尊い生命と永遠の理を体認する者には、孝は楽しんで憂えざる道理であります。こういう道に違《たが》うは悖徳という。仁を害するは賊という。悪をなす者は「不才」。天地人を三才といいます。才は即ち創造の機能です。悪はその破壊。

「其の形を践む」とは存在の機能を現行することで、天地父母から与えられたこの存在・形体の意義・使命をよく実践する。これが践形です。「惟れ肖なり」。天地や父母に似た者、ひとしい者である。そうでない者は不肖である。そういう天地人間の生成化育の理を知れば、善くその事を解説することができる。そうしてその造化の至理―神を窮むれば善く天地・父母の志を継ぐというものである。屋漏というのは部屋の片隅（西北隅ともいう）、そこからよく雨漏りなんかするものです。『詩経』大雅の抑編に、「爾《なんじ》の室に在るを相《み》るに、尚屋漏に愧ぢず」とあり、また「小雅」小宛に「夙《はや》く興《お》き夜《おそ》く寐《い》ね、爾の所生を忝《はずか》しむる無かれ」とあります。また「大雅」烝民に、「夙夜《しゆくや》懈《おこた》らず以て一人に事《つか》ふ」と言っております。

「旨酒を悪む」は、うまい酒をいけないとすること。崇伯は聖人禹《う》の父・鯀《こん》のことで、黄河の治水に失敗した。それを子の禹が達成した。彼はせっかく儀狄《ぎてき》が作った酒も、その旨《うま》きが故に後世これによって必ずや国を亡ぼす者があるだろうと言って、父の為に尽くした。

真の生を知る

「英才を育《やしな》ふは、穎《えい》の封人の類を錫《たま》ふなり」。人間にとって、英才を育成することは、例えば天地が万物の中の人間を造ったようなものである。穎の封人、封人とは国境守備の役人です。『左伝』（隠公元年）に、鄭の国の荘公は、母に孝行な人だったが、母と相容れず、義絶になってしまって、それが悩みの種であった。ところが、ある時に引見しました穎の封人考叔が非常に孝行者で、その孝行の話を聞いて、翻然として、多年の悩みの種であった母子の間の悩みを解決したという話がある。英才を養うのは、そういう人物の類を造ってゆくのである。英才というのは単なる才智芸能のことではなくて、人生の模範者・リーダー・エリートである。

「労を弛《ゆる》めず（おこらずとも読む）して豫《よろこび》を底《いた》す」、豫は先々のことを考えて計ってゆく。そこに綽々たる余裕もできる。それは楽しみでもある。そういう意味が豫という字に含まれております。『孟子』（離婁上）に、「舜は親に事ふるの道を尽して而て瞽瞍《こそう》（舜の父）豫を底す。瞽瞍豫を底して而て天下化す」とあります。ちょっと考えると、人間はそううまくはいかぬと思われましょうが、一原理が立つと応用は無限である科学的真理を思えば、納得がゆくわけです。

「逃るる所無くして烹を待ちし者は、申生が其の恭なり」。春秋時代、河北から山西方面を支配した晋《しん》国の献公に、名高い驪姫《りき》という寵妃があった。彼女は自分の腹の子を立てたいために太子の申生を打倒する策謀を巡らしました。太子は賢明で、その上孝心の厚い人で、国家のためにあくまで佞人《ねいじん》と戦おうとする、あるいは亡命して時を待つことを勧める謀臣の献策も退けて、自殺しました。『史記』の晋世家に詳記しています。これも立派な一件の道徳だと横渠先生が言っているのです。いろいろ議論はありましょうが、一つの立派な信念と行動であることは確かです。少なくとも人間有情の極致です。

「其の受くるを体として全きを帰す」、あるいはこれを「体其れ受けて帰すること全き者」と読んでも宜しい。孔子の高弟曾参《そうしん》のこと。『論語』（泰伯）に、曾子が病臥した時、弟子を呼んで我が手足を見せ、麻痺を起こしてないことを確かめて、父母からもらった身体を毀傷することなく死ねることを喜んだことを挙げたものです。これは前の申生とは反対の一例ですが、道並び行なわれて相矛盾せぬことを示したものとも言えます。

その次、「従に勇にして令に順なる者は、伯奇なり」。伯奇は周の宣王の臣尹吉甫《いんきつぽ》の子。父後妻の言に惑い、伯奇を憎んで酷使したが、伯奇は柔順に事《つか》えたという有名な故事、あるいは漢の劉向《りゆうきよう》の『説苑《ぜいえん》』に録しているある王国の話。腹違いの王子伯奇が弟封と互いに相重んじておったのを、後妻が我が腹の子封を太子に立てたいために奇を讒訴し、王これを信じて伯奇を追放した話。以上六つの人物の例を挙げておるところに、横渠の見識と信念がよく出ております。

「富貴福沢は、将に吾が生を厚うせんとするなり」。富貴福沢によって身を過つ、行を乱るというのは、甚だ道を知らぬ者である。これは由って以て吾が生を厚うすべきものである。それには何が真の生かということを知らねばならない。「貧賤憂戚は、庸《もつ》て女《なんじ》を成に玉にす」、玉成という語はここから出ておるわけです。人間はほんとうに苦労せねば駄目であります。「なんじ」を女で表わすのは、実に面白いと思います。が、これは別に論じましょう。

最後が「存吾順事。没吾寧也」です。これを大抵、「存すれば吾順って事《つか》へ、没すれば吾寧《やす》んず」と訓《よ》むのが普通ですが、それでは皆さんにはどうもはっきりしないでしょう。むしろ「存は吾が順事なり、没は吾が寧なり」と訓む方がよいと思います。存は生であります。即ち天地人間の存在生活に順う、一致してゆくことで、没するということは個体の営みを没《な》くして大いなる造化の中に帰入することですから、現実活動より言えば、寧処するわけです。

この銘は、まことに堂々としてスケールの大きな、そして追究するとどこまでも深遠な、なるほど傑作であります。朱子も、「学者誠に西銘の言に於て、反覆玩味して以て自ら之を得ること有らん」（答汪尚書書）と言っておりますが、同感であります。横渠は多く陝西南山に生活し、最後に神宗皇帝から登用されましたが、王安石らの新人と合わず、衣を振うて南山の下に退去し、講学に従事して没した。年五十有八。その偉大な学問経綸は時を得なかったが、感化は永遠に不滅なものがあります。王陽明の高弟で、立派な国士であった南大吉（元善）は同じ陝西渭南《いなん》の人で、晩年郷に帰って教学を興し、横渠の後に斯《こ》の人有りと言われた。日本でも大塩中斎・佐久間象山らが大いに斯の学に参じております。

自然と素心規

東洋的と西洋的——自然と人間

明治以来、時の勢いというもので、日本人は従来の歴史的・伝統的な思想学問をしばらく押しのけてというか、閑却してというか、新しく非常な興味と情熱とを以て、大急ぎで西洋の思想学問と取り組んだ。そのあげく、このごろになってようやく冷静を取り戻して、再び東洋・日本の歴史的文化を顧みる。そして西洋の思想・学問・文化と照らし合わせて考えるというような余裕あるいは冷静というものを取り返す。あるいはそこへ改めて辿りついたということができる。

そこで、いろいろ東西文化を対照して気がつくことがあるが、その中の一つ、とかく従来の西洋の思想・学問・文化というものの本流は、自然と人間というものを対立的に考えてきた。甚だしきは、対立よりも進んで相剋的に考えて、「人間というものは自然から出て、自然と戦って、自然を克服してきた。そして人間独自の、これは他の動物の思い及ばぬ文明文化を作ってきた。人間の自然に対する戦い、人間の自然征服」というようなことが力説された。山を登るにしても、彼らは「アルプスを征服した」とか、「ヒマラヤを征服した」とか、あるいは「フロンティア・辺境・荒野に挑んでこれを克服し、これを開発した。人間の偉大なる勝利」、こういうふうに考えてきた。

ところが、その一番成功したものは科学である。その科学がまた、昨今になってようやく冷静と、あるいは反省を深めて、人間と自然というものは対立相剋するものではない。人間は自然から出て自然を受け継いで、そうして人間独得の使命において自然を発展させてゆくものである。そうなければならないというような、従って自分たちの研究が進めば進むほど、新たに深い自然の真理というもの、あるいは摂理というようなものを発見して、「人間の原理、文明の原理というものが、自然の理法から非常に逸脱しておるところが多い。これでは人間が自然によって裁かれ、人間が滅びる危険性がある。人間の法則というものは、即ち自然の法則に基づくものである。こういう人と自然との一致、自然の深い摂理の人間による優れた解明、それによって人間が本当の発展をすることができる。誤れる文明というものを今後は大いに是正しなければならん」という段階に来ておる。

しかるに、これはもう古代から東洋民族、日本民族や漢民族のつとに把握しておったことである。そこで西洋の優れた先覚者から、東洋の歴史、その文化というものに、逆に非常な驚異、あるいは畏敬の自覚が現われて、それが非常に日本人と東洋人を驚かす。従って互いに反省されるというようになって、日本人、中国人、東洋人によるところの自己の歴史的文明・文化を新たに見直す、研究するという風がごく最近の顕著な事実である。例えば張横渠の西銘などを読むと、その点実に堂々たるものがある。非常な進歩した権威のある自覚であり、提唱である。

神の道と人の道――自然訓

藤原基家という鎌倉時代の優れた歌人がある。この藤原基家のあまたの名作の中に、「神こそは野をも山をも作りおけ人に誠の道をふめとて」という一首がある。神こそは野をも山をも作りおいた。「こそ」とあるから、「おけ」と結ぶわけで、作っておけという命令ではない。文法上の結びです。神こそは野をも山をも作ったものである。なぜ作ったかといえば、人に誠の道をふめとて。好い歌だ。この基家の傑作「神こそは野をも山をも作りおけ人に誠の道をふめとて」というのにちょうど好いコントラスト・対照を成すのが、明治初期の副島種臣の「あやにあやにかしこくもあるか天地《あめつち》の御稜威《みいつ》の中に立ちたるわれは」。好一対を成すもので、表現は違うけれども心は一つである。

この天地という根元に帰って天地開闢の心構え、即ち「**機前を以て心と為す**」。これは伊勢神道の鎌倉期における最も偉い人である村松（度会《わたらい》）家行、この人が伊勢神道というものを大成したと申して宜しい。これは同時に非常な忠臣であって、北畠親房卿は、殆どこの村松家行の庇護・応援によってあれだけの活動ができた。日本人はあまり知らないけれども、これは日本歴史上の非常な偉人だと、私は敬服しておる。この人の神道学というものは偉大なもの。五部書の一『類聚《るいじゅう》神《じん》祇《ぎ》本源《ほんげん》』に、「志す所は機前を以て法と為し、行ずる所は清浄を以て先と為す」と言っておる。

機前というのは、ちょうど一日で言うならば、日が出て鶏も鳴き出す、人間も起き出す。特に人間世界のいろいろな営みが始まる。こういう働きを機という。その前、だからつまり暁である、早朝である。一年で言えば、「神代のことも思はるる」という元旦である。人間で言うならば幼児。地球で言うならば混沌・太初である。ちょうど人間で言うと、その一日の活動が夜明けから始まる。夜明けは実に静寂で、光明で、清浄である。明るく、清く、静けく、これが自然、即ち一日の始まり、一年の始まり、すべて太初、大いなる初の心だ。神道というものは、この太初、この静寂・清浄・光明を本体とする。

これを村松家行がよく解説しておる。伊勢神道はこれを本領とするもので、その機前を以て心と為す。従って大いなる元・始め・大元・大本・太初を尚《たっと》び、それこそいろいろの汚れ、俗気を斥けて、神気を嘗《な》め、正直・清浄を行じてゆく。一言でいうならば、これが日本神道の眼目・骨髄である。文明というものは、これを失ってはいけない。これが文明と人間の救われる神髄。夜が明けてがたがたいろいろ活動が開始するにつれて、世の中は汚れる、騒がしくなる。疲れる、堕落する。自然、言い換えれば大元・大本・太初に帰れば、もっと光明であり、静寂であり、正直である。人間はやっぱり常に自然に帰らなければならん。自然の真理、それが人間に教えてくれる摂理というものを見失ってはいけない。

人は一の自然

自然訓*

一　人は一の自然である。我々は自然の如く真実でなければならぬ。
一　自然はすこやか（健）である。我々も常に怠ることなく努めよう。
一　自然は造化である。我々もかたくな（固陋）にならず、一生自己を進化してゆこう。

一　自然は無限である。我々も大海・虚空の如く心胸を開こう。
一　自然は円通である。我々も万物一体の妙理を学んで安心立命を深めよう。

＊神こそは野をも山をも作りおけ人に誠の道をふめとて（藤原基家）。天地開闢の心構え、即ち機前を以て心と為し、大元・大本・太初を尚び、俗気を斥けて、神気を嘗め、正直・清浄を行じてゆくのが日本の神道である。文明と人間の救われる大教である。

第一。人は一の自然である。我々は自然の如く真実でなければならぬ。真実ということは、言い換えれば正直ということにもなる。このごろ世間の思想家、学者、哲学者がよく言う言葉に、やはり真実ということがある。この人は真実の人だ。このことは真実である等――自然はつまり真実だ。人間はその中から、いろいろの真理・法則というものを導き出してゆく。とりあえず真実でなければならぬ。これが実在である。

ところが、人為、人間のすることになると、この自然の真実、そこに含まっておる自然の真理というものから言うと、往々誤り、虚偽がある。これが真理だ、これが法則だと思う、実はそうではない。そこで人が為すと書いて「偽」、うそという字ができておる。長い間、人間はうそを真実、あるいは自然と間違えて、始終失敗し、罪悪を作ってきた。

卑近なことを例にとってみても、いかに多くの人々が今日なお、健康について誤っているか。「健康は、言い換えれば我々が元気になるためには、栄養をつけなければならない。栄養とは何ぞや。うまい物を食うことである。うまい物とは何だ。肉だ、卵だというような物を食うことだ」。どれくらい多くの者がこう考えてきたか、はかり知れないものがある。これは大いなるうそ偽りである。真実ではない。

例えば情け深い母親が、子供が肺病などで療養していると、不憫に思って、一所懸命に牛肉や卵を食わせたり、うなぎを食わせたりする。子供はどんどん悪くなる。そういう愚かな例が数えられんくらいにある。栄養物というものも、吸収消化しなければ何の栄養にもならない。却って内臓諸器官を無駄働きさせて疲れさせ、余弊を生ずるだけのことである。消化吸収ということを考えなければならない。食うということはその手段である。食わせればいいと思うのは大きな間違いである。こなさなければならない。こなした結果はどうなるかというと、身体が弱アルカリにならなければならない。

大体、結核だ、癌だ、いろいろなことで身体は衰えておる。それへ健康体の者でも負担の重くなるような、卵だ肉だという物をむやみに食わせたら、すぐ参ってしまう。そうではない、もっと新鮮な野菜とか、淡泊な魚とか、あるいは海藻とか、納豆とかいうような物を食べさせてやらなければいけない。と言うと、「そんな物を食べさせておいて身体がもつでしょうか」というようなことを言う。まだこの程度の人がどのくらい多いか分からぬ。実に情け深いが愚かなる父母がどれくらいおるか分からぬ。というよりは、そういう愚かなるというか、学ばざる医者がこれまたどれくらいおるか分からぬ。

医者が一家を成すのには、殺した患者の数で分かるというような、恐ろしい話だが、よほど患者を殺さぬというと一人前にならぬ。殺される人間はたまらぬ。これはつまり人体という一つの自然の研究がおろそかであったからで、そういう意味で、やはり真理というもの、人間が軽々しく到達した、把握したものに満足しないで、正に人為と書いて「偽」という字ができておるということに、改めて驚嘆を大きくしなければならぬ。

人間そのものは、自然から出て、自然を克服する、征服するなんてものではない。自然がいろいろ作ってきた末っ子だ。長いことかかって、自然はいろいろな物を生んできた。この中には、マンモス・恐竜等でっかい奴から、蛇だの蛙だのというようなもの、蟹だの海老だのの甲殻類、いろいろの特産物、特殊な生物を作ってきた。この連中は、ある意味において長男・長女だ。正に総領の甚六という奴で、その時は彼らは偉かった。マンモスなんていう奴は、自分の巨大な身体、あるいは巨大な牙、全身を装うた甲で一応成功したのだけれども、まもなくそれが環境に適応しなくなって、皆亡びたり、あるいは生命の世界の片隅に辛うじて生きておる。

だんだん高等動物が出て、その中にオランウータン、チンパンジーなんていう、人間からいうならば、低脳な親戚筋のもの。そのうちに人間というどうやら話せる――話せるという言葉は面白い、口をきくということになった。これは大変な進歩だ。とにかく話せる奴が現われた。ところがこいつらが案外話せぬというのが現代の状態と言うてよい。

考えようによっては、大器晩成という言葉があるが、人は自然が晩成した大器だ。一番後で作ることによって成功した、まあ大器というてよい。そうして精神、技術というようなものを発達させて、ようやくこういう文明を作った。正に大器晩成で、大自然という偉大な創造者が何十億年もかかってやっと作ったもの。だから、自然の法則は人間においても同じく、人間は、早成する、早く物になるというほど危いことはない。人間もなるべく晩成がよい。でないと諺の通り「十で神童、十五で才子、二十過ぎれば並の人」という風になる。まあ死ぬ頃なんとか物になるというくらいの覚悟でぼつぼつやるがよい。自然科学者によれば、人間はゼネラリストである。鰕《えび》とか蟹とかいうのは自然界のスペシャリストで、甲羅も鋏もない人間が一番普遍性を持ったものである。

この見方は確かに当たっておる。だから、人間もまたその意味において考えると、あまり早くいわゆる専門家にならぬ方がいい。専門家になると、とかく不具になる。スペシャリストになる。すると生命の本流から外れてしまう。なるべく大器晩成でいる方がよい。「お前、いつ一体、物になるつもりだ」なんてよく利口な人間から言われても、それがよいのである。『老子』の中に、「我れ独り人に異なりて母に食《やしな》はるるを貴ばんと欲す」という名高い文章がある。人は早くお母さんから乳離れしたがる、独立したがる。自分はいつまでも母に養われていたいのだ。つまり母なる大自然の懐にいたいのだという、実に味のある文章です。絶学無憂という始まりから興味津々たる、しかして深遠な思想だ。そこに東洋独得の自然―抱朴―守愚の哲学があります。

我々は、常に深い叡智の目を以て大自然というものを観察しなければならない。人は一つの自然である。自然が何といっても根元的な真実である。人間も真実ということが大事で、自然の一つの特徴は「天行健」、即ち易乾卦《けんか》に書いてある通り。造化に断絶はない。我々も常に怠ることなく勉めねばならない。いわゆる「自彊《じきょう》息《や》まず」。とにかく努力だ。頼山陽が言っておるように、人はいろいろ自分のことを言うけれども、自分は要するによく勉強するだけだと。善い言葉だ。

学問にしても芸術にしても、卑近な健康にしても、「先生、何か秘訣はありませんか」。そんな虫のいいことはあるわけはない。勉強するということ。孜々《しし》として勉めて倦まぬということ、それよりほかに秘訣はない。秘というのは何か非常にミステリアス、神秘、人智の測り知るべからざることのように考えるが、そうではない。人間が気がつかないということ。人の気のつかない真理、これが秘訣。その一つは自彊息まず。どこまでも勉強するということ。

つい先だって、一人の若い知人が風邪をこじらせて寝ておるのをたまたま見舞ったら、熱が三十八度かある。寝ながら本を読んでおる。そうするとお母さんが、この子はどうも本ばかり読んで困りますと言うところへお医者が来て、「熱があるのに本を読むなんて、それはいかん」と戒めた。本当に悪ければ本など読めない。ところが退屈して、熱があっても本を読みたいというのは、それだけの体力が、脳力があるので、本が読めるということは結構なこと。また、本を読みたいという気分、読むという努力、これは非常に良いことで、疲れたらやめる、またやまる。

とにかく自然は健やかである。我々も常に怠ることなく勉めるということ。

それから、自然は造化である。絶えざる創造変化である。『淮南子《えなんじ》』にあるように、孔子も非常に褒めた蘧伯玉《きよはくぎよく》は、「当年五十にして四十九年の非を知り、六十にして六十化した」人間五十になって四十九年の非を知るということは、これはどうも痛切なことだ。もう五十になると大体、知命―命を知るといって、馬鹿は馬鹿なりに自分で自分が分かる、悟るものだ。まして賢者においてをや。

ちょうどその頃、世間ならば定年というものが来る。この年頃になると、ああ、おれもいろいろ夢を抱いてきたけれども、まずこの辺のところが限界かということが分かるようになる。その頃子供がぼつぼつ大学などに入る。おれはもうこの辺でやむを得ぬが、せめて倅《せがれ》には……というような望みをかける。これが凡人の、普通人の、一つの生活様式です。その五十になって四十九年というのだから、己が半生、あるいは一生に一応結論を出すことである。何かかんか理窟をつけて、自己満足の答案を出さないと収まらぬのが俗情だ。

けれども本当の人間は、そんな未練たらしいものではない。五十年にして四十九年の非を知る。今まで、いわばこの半生、一生は悪かった。これからまた新たにやり出す。こう考えるのが本当の学問だ。本当の人物だという。そうして六十になっても、六十になっただけ自己を変化創造してゆく。六十にして六十化し、七十にして七十化し、八十にして八十化す。生きている限りは創造変化してやまない。これが自然の本体であり、人生の本体である。これは非常に優れた思想信念である。これでいいという、これでとどまるということがない。大自然は造化だから、かたくなにならずに、一生自己を進化してゆこう。

その次に、自然は無限である。我々も大海・虚空の如く無限の心胸を作りたい。無限虚空の如く心胸を開こう。

自然は円通である。まどかに通ずる。行き止まるということがない。変化して限りがない。水蒸気が蒸発して霧となり、雲となる。それがまた雨となり、河となり、海となる。円満無限の流通、これが大自然の実態である。我々も、万物一体の妙理を学んで安心立命を深めよう。易という学問の妙味はここにある。人間の思考行動の限りなき円通の理論、これが真の易学である。

素というもの――素心規

次に、自然訓に和して、「素」というものがある。ここに我々の「素心規」がある。孔孟でも老荘でも、これを取り入れた仏教でも皆共通のことであるが、東洋の思想・学問・

修行の根本的要素の一つに「素」というものがある。素を守る、素を養う、素行する、素心を貴ぶという、その素というものは今も元素・要素など使用されて、もと（元）とか、しろ（白）の意に用いられている。赤穂義士―大石内蔵助でよく連想される山鹿素行で、素行の語も周知になった。「絵の事は素を後にす」（論語・八佾《はちいつ》）。絵を描きあげるのに白粉で仕上げする――これを号にしたのが「素行」「後素」などである。後素といえば、大塩平八郎を連想する。これら皆非常に深い意味がある。『論語』の「絵事後素」は読み方に別の解があって、素より後にすという朱子の説も行なわれている。「絵事は素より後にす」である。『周礼《しゅらい》』考工記に「後素功」とある訓《よ》み方から違ったもので、素粉を下地に使って、即ち素描して、それから彩色を加えると解する。

『易経』に山火賁《ひ》という卦《け》がある（䷕という形）。卦というのは面白いもので、ちょうどコンピュータが0と1とで進行するように、陰と陽とで、無限に展開してゆく。その根本原形が六十四卦、その基本が八卦である。⚊は陽、⚋は陰、これを組み合わせて天地万物を象徴する。賁《ひ》の卦というのは䷕という形。陽は九の数字で表わし、陰を六の数字で表わす。これは上が陽爻《ようこう》であるから上九という。

この爻に白賁《ひ》ということがある。この賁という字が面白い意味で、かざる、装飾の意と同時に、破れるという意がある。装飾・芸術・文化——いずれも「賁」だ。その極致を白賁という。つまり色の極致は白だという。赤だの青だのいう色彩でなくて白だ。赤やら青ではない。賁は「飾る」と同時に「破る」と訓む。人間も粉飾の多いのは失敗である。衣服も結局黒衣と白衣になる。白衣に墨染の衣をまとうなんて、実に芸術的である。緋衣だの紫衣だの喜んでおるような坊主は生ぐさである。道元禅師が天子より紫衣を賜わるが、遠慮して受けられなかった。文字通り遠慮だ。せっかく朝廷から賜わるという物を辞退して受けないというのは無礼であると言われて、そうですか、それではやむを得ぬ、頂戴しますと恭々しく戴いて、そして高閣に納めて、遂に身に着けられなかったというが、ゆかしい人だ。

素心といえば、つまり浮世のいろいろな汚れ、いろいろな巧み、そういったようなものの始まらない純真、自然な心である。東洋の道徳・芸術の根本的なもの。人間の交わりも、いろいろと利害打算で交わるようなのは利交という。そうでなく、地位だ、名誉だ、利益だ、そんなものを抜きにして、人間の素地・素心で交わる。これを素交という。人間は何年になっても何者になっても、いかなる境地に臨んでも、失うべからざるものはこの素心である。利害や利権や、年齢や地位、身分など、そういうさまざまな世間の着色に染まない、生地のままの純真な心―素心、これは誠である。

一、禍が福か、福が禍か、人間の私心で分かるものではない。長い目で見て、正義を守り、陰徳を積もう。

禍が福か、福が禍か、人間の私心では本当に分からぬ。そこで、長い目で見て経験を積んで、やはりあくまで正しく生き、ひそかに徳を積む。とすると、次のことが分かるのである。

二、窮困に処するほど快活にしよう。窮すれば通ずる、また通ぜしめるのが、自然と人生の真理であり教えである。

ところが、逆境や乱世に遇うと、どうしてもまごつく、あわてる、思いつめる。だから次のことに到達する。

三、乱世ほど余裕が大切である。余裕は心を養うより生ずる。風雅も却ってこのところに存する。

一時の現実に捉われない。いかなる現実に立っても、心の自由を持つ。それが存在・生活に表現され、そこに芸術、風雅というものが生ずる。漱石の作品に『草枕』というのがある。面白い作品だが、この『草枕』の中に、旅人がたまたま山中で驟雨《しゅうう》に遭う。深山で俄雨に遭うと困る。しかしその深山の驟雨に立ちすくみ、困《こう》じ果てながら、その心を一転して、深山の中で驟雨に遭い、ぬれそぼってゆく旅人の姿を客観すると、これは正に一幅の画である——こういうことが書かれてある。

これは正に一《いっ》の芸術だ。かく観照するのが一の風雅だ。ある境地・現実、よく西洋哲学でいうダ・ザイン（Da-sein）。これに捉われてしまわないで、その現実に即しながら、それをそのまま客観する。自分が自分を客観する。それは一つの解脱であり、それが芸術となる。それを風雅という。それは言い換えれば余裕だ。

風雅の傑作の一種に、辞世というものがある。世を辞する。即ち死ぬ時に臨んで詩を、歌を、句を作る。その中にはさすがに傑作が多い。死に際だからこれほど真剣なものはない。自分の死を客観する。これは大きな芸術だ、解脱だ。中にはこれが死に際にできたものかと驚くような洒脱なのもある。「今まではひとごとなりと思ひしにこちが死ぬとはこれはたまらぬ」というような、素朴な、しかし正しく生きた芸術だ。辞世というようなものを研究すると実に面白い。それだけに生きているうちに辞世を用意しておくというような狡《ずる》いのもおる。それもまんざら笑うべきことでもないが、役に立つまい。何にしても独りではおぼつかない。

四、世俗の交は心を傷めることが少なくない。良き師友を得て、素心の交を心掛けよう。

良き師友を得なければならぬ。それには、自分自身という受信装置が大切である。そこで、

五、世事に忙しい間にも、寸暇を偸《ぬす》んで、書を読み道を学び、心胸を開拓しよう。

ということが大切である。

最後に、我々日本人の腹底になければならぬ、否、必ず内在するものは、次の一事である。

六、祖国と同胞のために、相共に感激を以て微力を尽くそう。

我々はこれを一燈照隅、萬燈照國と謂《い》っておる。我々のささやかな一燈は一隅を照らすに過ぎぬものであっても、千燈萬燈と遍照すれば、國を照らすことを確信する。

補講

本講義は、生きた学問、すなわち「活学」の大切さを伝え続けた著者が、修養や学問、勉強が若い時ほど必要であることを、松下幸之助によって創設された松下政経塾において、若き塾生たちに向けて、説いたものである。（編集部）

縁を尊び、果報を生む

先祖は四條畷で小楠公に殉ずる

皆さん、初めてお目にかかります。かねて、もっと早く伺いたいと思っておったのですが、折悪しく、少し旅行の疲れがこじれ、とんだ病気をいたしまして、一昨年の秋から去年の正月まで入院などいたしておりました。幸いに、良くなりましたので、かねてお訪ねしたいと思っておりました当地、当所に、ようやくお伺いすることができた次第です。想像しておりましたよりも、はるかに立派な、行き届いた施設、環境に驚いておりますが、また、これは、皆さんのためにも、得がたい恩恵といいますか、ありがたいことで、非常なご幸福なことだと思います。

私は、この風光や施設に驚きながら、自分も皆さんのように若い歳であったら、ここに入れていただいて、しみじみと勉強したいものだというような、何ともいえない感想というか、感慨を、もよおしたような次第です。どうかひとつ、十分にこの境遇を生かして、今後、ご自身のため、また、社会、国家のために、ご活躍されますように、衷心から前途をご祝福申し上げる次第です。

私は、松下（幸之助）塾長なり、そのご事業に、親密といいますか、そういう感情を持っております。と申しますのは、私自身、松下塾長の会社に近い、大阪の四條《しじょうなわて》畷中学（現大阪府立四條畷高等学校）の出身です。私の先祖の一人、正泰と申します者が、本領は尾張にあったのですが、小楠公（楠木正行《くすのきまさつら》）が高師直《こうのもろなお》の軍勢と四條畷に戦われました時に、応援に兵を率いてはせ参じ、小楠公に殉じて討ち死にをいたしました。その墓が四條畷に存在しており、四條畷神社にも祀ってあります。

四條畷中学を卒業しまして、すぐ、東京の第一高等学校（旧制高等学校）に入ってしまいましたので、その後、久しく遠ざかっておりましたが、戦争で、四條畷の神社もお墓も大変荒れました。その時に、四條畷の隣の村に、後に日本の財界で有名になられました、高碕達之助さんがおられまして、戦災であの辺が――小楠公の神社も野崎（大阪府大東市）の観音（福聚山《ふくじゅさん》慈眼寺）も、お墓も――大変荒れたのを残念に思われて、私に相談がありました。それで、戦後まだ非常にすさんだ不況の時でしたが、二人で大変な苦労をして、大分醵金《きょきん》もしまして、どうやら神社やお墓の修復をすることができ、大変嬉しく思ったような次第です。

そういうことで、その後は時々四條畷へ参りまして、昔学んだ中学やら、久しく遊んだ中河内《なかかわち》、北河内の村々を訪ねました。そして、いつからともなく、松下塾長とも、会社の重役の方々ともご縁ができたわけです。

そういうご縁で、今日、皆さんにこうしてお目にかかれる機会を与えられたわけで、大変嬉しく、またありがたく存じております。

何事も「縁」によって起こる

「ご縁」というと、古い言葉のようですが、やはり、人間には「縁」というものがあります。これは一番大事なもので、法華経《ほけきよう》の中に「十如是《じゆうによぜ》」という説があります。皆さんがお葬式かなにかで、和尚の読経を聞いておられますと、必ずこの法華経の「十如是」という言葉が、唱えられます。耳を澄ましておりますと、和尚さんが「如是相、如是性、如是体、云々《うんぬん》」と読まれます。如是が十ありますので「十如是」といいます。これは必ずといっていいぐらい各宗を通じて用いるものです。

その「十如是」の中に、「如是縁」という言葉もあります。そして、この「縁」というものは、これは非常に大事なもので、何事も縁より起こるので、それで「縁起」という言葉があるわけです。また「因果」という言葉がありますが、縁がなければいかなることも因にならない。「因・縁・果・報」と言いまして、因があって、それが縁によって物事が起こり、その因縁から果という結果――果実ですね――が生じ、そこで初めて果の反応、つまり報が生じるわけです。「因・縁・果・報」、日本人はいつからともなく、この専門用語を自然に日常用語に使っています。「因縁」とか「因果」とか「縁起」とか、今では民衆用語になっています。この「因・縁・果・報」はすべて、先に申しました法華経の十如是の中にある言葉です。

我々は何をするにも、縁で結ばれなければできないわけですから、この「縁」というものを尊ばなくてはなりません。皆さんが松下政経塾に入られて、こうして集まって勉強されるということも、これは非常に不思議な「縁」だと思います。このご縁で、因が果を生み、それがまた報を生むというように、因縁果報が無限に展開していくわけです。そのように「縁」によって結ばれることを「結縁《けちえん》」と言います。いかなる因もなにかの縁がなければ、つまり結縁しなければ、果が生まれない。果が生まれなければ、報もない。よく「どういう因果で」とか「まことに果報者だ」などと言いますが、この「因・縁・果・

報」というのは、東洋、日本のいろいろな思想、学派というものを問わずに、国民の常用語になっているわけです。

　私は四條畷という田舎の中学を出まして、なんということもなく、東京の第一高等学校に入りまして、その後ずっと東洋の倫理学や政治学を主として学んできました。それで自然に、儒教とか仏教とか老荘とかいうものを、それこそ縁が結ばれていろいろ勉強することができたのです。そういう体験から申しまして、「因・縁・果・報」「結縁」というものは、実に神秘なものである、微妙なものであると感じております。どんなものにでも縁があり、縁が結ばれないと何物をも生まない。そういう意味から申しまして、「因・縁・果・報」「結縁」ということは、限りない意味、効用、効果のあるものです。

　皆さんは、この塾に不思議な結縁で入られて、今後そこからいろいろな果報を生むわけです。ですから、この不思議な縁というもの、結縁というものを、空《むな》しゅうしないように、大切にして、いろいろな果報を生み、それにあやかるということを心がけていただきたいと思います。それは、皆さんにとって非常に大切なことです。大いにこの機会に勉強されて、立派な人物になり、立派な今後の社会的活動の原動力をつくり、いろいろな方面に、いろいろな使命を持って活動していただきますように、衷心から祈っております。

純化された日本の文化

世界の諸国民の中でも、日本人は、実に難しい学問の専門用語を、その痕跡もとどめないほどよく消化して、日常用語に使っています。世界には、万国というくらい沢山の国家がありますが、日本人ぐらい難しい専門用語を平気で使いこなしているという国民は他にありません。私は高等学校時分からいろいろ勉強いたしまして、手の届く限り諸国の歴史だの哲学だのというものを修めてみましたが、日本民族ほど豊かに外国文化を取り入れ、それをよく消化して独特の国民文化をつくっているというような国民は、全く他にありません。これは驚くべき事実です。ちょっと注意してみますと、神道はもちろんのことですが、儒教、仏教、老荘、最近になってはヨーロッパ、アメリカ、いろいろなところの文化、つまり学問、芸術というものを、自由に取り入れていることがわかります。

しかも、自由に取り入れると雑駁《ざつぱく》になるのが、普通なのですが、それが雑駁にならないで、いつとなく純化されてしまって、世界の文化、思想学問の驚くべき坩堝《るつぼ》と申しますか、総合統一純化していきます。こういう国民は、本当に他にはありません。従って、日本文化というものほど、驚くべき豊富な内容を持って、しかもそれが純化されているものはないのです。よく西洋の研究家が、ピューリファイ（purify）という言葉を使っています。いろいろな文化を雑然と寄せ集めるということはできないことはないのですけれど、それをよくこなして、ピューリファイしている、純化しておる、ということにおいて、日本民族、従って日本文化ほど成功したといいますか、実に優れたものはないと申してよいと思います。これは決して自慢ではなく民族の歴史に対する誇りだと思うのです。

従って、皆さんが勉強されたら、日本は、学問、芸術、その他広い意味の文化宝庫ですから、いくらでも研究し、いくらでも楽しめるわけです。実に無量の功徳《くどく》を持っているのが日本の歴史的文化です。皆さんが勉強されればされるほど、限りない学問、芸術、文化を楽しむことができる。これは実にありがたいことだと思います。

若い時こそ修養を

ところが、これはありがたいことではありますが、ある意味において、うっかりしておれぬことでもあります。人間は、とかく歳を取り世の中に出ると忙しくなるものですから、せっかくこういうありがたい国に生まれ、ありがたい文化の宝庫を持ちながら、一向に何もしないで、うかうかと人生を過ごしてしまうということもまたありがちなことです。

「忙しくなる」ということが、一番くせ者です。ところが実際は、世に立てば立つほど、歳を取れば歳を取るほど、人間というものは忙しくなるものなのです。そうなると、忙しいという文字は、立心偏（忄）に亡《ほろ》ぶと書きますが、文字通り心を失うということになります。若い時はいろいろ理想を持ち、いろいろ志を立てているものですが、そのうちに世の中に出て仕事をする、いろいろつき合いもできる。そうこうするうちに忙しくなって、気がついてみると、まさに文字通り立心偏に亡ぶで、心を失ってしまうわけです。

そうなると、歳を取ってから「何のためにこれだけ生きたか」と言ったり「何をしたんだろう」というような、「老いて悔いる」ということになります。ところが、後悔というものは何にもならないものです。やはり、生きている間に、うんと勉強しておく、ということが非常に大切です。しかし、勉強するということは、言うべくして、歳を取るほどなかなかできないもので、その意味において、「時を得る」ということが、また大切です。

皆さんが、こういうまことに恵まれた環境のもとに集まって、好きなように勉強ができる。これは実に得がたい幸福です。この時に当たって、雑事に追われて心を失わないように、すなわちつまらないことに忙殺されて、無為に過ごされないように、ここにおられる間は、特にできるだけの学問、勉強をされて、その功徳が生涯つきないようにしていただきたいと思います。無限の精神的、文化的な宝庫といいますか、あるいは、生きた泉、尊い泉、法《のり》の泉、これを貯えられるように心掛けられるといいと思います。

学問とか修養とかいうものは、若い時ほど必要ですが、その有り難みというものは、若い時にはわからないものです。歳を取るにしたがってだんだんわかってきます。その時に、若い時の努力と心がけが足りませんと、しだいに後悔するということになる。我々の歳になりますと、後悔しても何にもならないことでして、せめて「後悔するほうが、しないよりもまだましだ」などという、負け惜しみを言うのが精々です。

五十歳で自分がわかる

孔子が「三十にして立ち、四十にして惑わず、五十にして天命を知り、六十にして耳《みみ》順《したが》い、七十にして心の欲するところに従えども矩《のり》をこえず」と言っていますが、あれは名言だと思います。

私が八十年生きてきて、いま申しましたように、後悔するというか、顧みていろいろ考えさせられることが多いのですが、人間の一生というものを能力に応じて分けると――分け方はいろいろありますが——三十歳までは修業時代、学問修業の時代です。平均的な一つの基準としてですが、三十になった頃、やっと一つの信念とか、見識とか、そういう大事なものができます。突如としてできるのではなく、長い間に培われていく。地中に培養したものが芽を出すようにですね。だから「三十にして立つ」という言葉は、歳を取れば取るほど「なるほどな」と思います。

人間、迷うのは仕方ないが、三十になったら立たなくてはいけない。つまり、自分というものの存在を——自分の性格にしても、学問、教養にしても——一つつくりあげなくてはならない。体も三十になったら、一応健康というものができあがらなくてはならないし、性格も一応決定されなければならない。進歩は無限ですし、いくらでもやりようはありますから、完成ということは無理でしょうが、一応のものはつくりあげなくてはいけないと思います。それが「三十にして立つ」——「而立《じりつ》」と言います。

しかし、立てば立ったで、また問題が起こってきます。それに対する思考力、判断力が大切です。これは三十で立って、初めて意識し、それから十年、四十になって一つの解決がつく。だから「四十にして惑わず」と。これは誰にでも通ずることで、一般的にいうと、その人なりにそうなります。そこで一つの勇気もでき、心のあかしというものもでき、前途が見えてきます。若い時にはいろいろと想像したり、思案するけれども、その歳になってみないと結論が出ない。しかし、四十にしてそれができないというのは、よほど頭が悪いというか、不勉強です。四十ともなれば、「おれはこれだけの事をしてきた。これからはこういうことをする」というようなことが、はっきりしてこなければならないと思います。

それから十年して五十になると、自分の存在というものがはっきりしてきます。「おれはこういう人間か。これだけになったか」という自分の存在、生活、人生といったものがはっきりしてくる。それで「五十にして天命を知る」。「命」というのは絶対ということです。「自分というのはこういうものだ。これより他のものではない」というような、自分のほんとうの存在ですね。これを、賢者は賢者なりに、愚者は愚者なりに意識する。これが「知命」です。

三十まではとにかく勉強

人生五十年、これはいまでもほんとうですね。人間というのはだいたい四十から五十にかけて、その人なりに、初めてほんとうの存在になります。だから、三十になるまでは、ともかくなんでもいいから勉強することです。これが大事なことです。ところが、どうも人間は十七、八歳ぐらいから精神生活も何もかも開けてくるものですから、刺戟《しげき》ばかり多くて、従って惑ってばかりいる。ある意味において言えば、浮気で、落ち着かなくなり、いろいろなことが目について、フワフワして過ごしてしまいやすいわけです。

それを三十にもなったら、やはりきっちりと「我かくあり。我かくなす」ということが決まらないといけません。そして「三十にして立つ」。それで悪ければ諦める。「おれはこのくらいの人間だ」と。それはだいたい四十ぐらいから分かります。五十になってそれがはっきりする。「かくあった。かくある。かくなすべきである。かくなさねばならぬ」、それが分かります。

「六十にして耳順い」。そのころから、ほんとうの教えとか、道とかいうようなことが、やっと分かってきます。いままで習ったことが、それなりに「なるほど」ということになってくる。それが「耳順い」です。それから先は「心の欲するところに従って矩をこえず」。やはり、孔子のあの言葉は、賢者は賢者なりに、愚者は愚者なりに、だいたいは誰にでも通用するものだと思います。

だから、一番大事なのは、三十までの間はともかくも学ばなければいけないということです。できるだけ本を読み、できるだけ人の話を聞く。天狗になってはいけません。独りよがりになってはいけない。独りよがりや天狗になるのは四十過ぎてからでいいわけです。三十から四十までが一番人間の大切な時期で、この間に人間ができる。だから、三十までは一人決めせず、できるだけ聞くことであり、見ることです。三十になった時には、「われあり」と——これをはっきりさせなければならない。そして、三十から四十までの間にできるだけ自我の内容を豊富にしていく。そうすると、四十ぐらいで相当な人物になり、自信を持つようになります。

海老のごとく殻をぬげ

我々はいくつになっても学ばなくてはならないと思います。歳を取るほど学ばなくてはならない。学ぶというのは、頭でいろいろなことを覚えるとか、本を読むということだけではありません。本といえば、人生が本になるし、学ぶといえば、無限に材料があるわけですから、独りよがりになってはいけません。ともかく、我々は歳を取るほど学ばねばならないし、絶えず新しく創造していかなければならないと思います。

面白いことを申しますと、日本ではおめでたに海老を使います。とりわけ結婚式の時に使います。それでは、なぜおめでたい時に海老を使うのかということです。これは私も長い間知らなかったのですが、ある時、何でもない漁師からその理由を聞いて感心しました。

それは、大抵の生物は秋になると枯れるわけです。木の葉なども秋になると紅葉して枯れます。人生も秋になると、老い、枯れてきます。ところが、海老というのは、そのように大抵の生物が老いたり、枯れたりする秋になって殻をぬぐというのです。殻をぬいで成長する。殻をぬがなかったら死んでしまうわけです。だから、海老というのはつねに若いというか、新鮮で老衰しない。

そういうことで、夫婦がその海老のごとくいつも新鮮であるようにという意味で、婚礼の時に海老を使うのだそうです。夫婦というのは新婚早々は新郎新婦で生き生きとしていますが、とかく間もなく古びてしまって、ケンカを始めたり、「出ていけ」だの「出ていく」だのというようなことになりやすいものです。そういうことにならぬよう、海老のようにいつまでも新鮮であれというので、昔から婚礼で使われる。

今はおそらく婚礼の席で海老に関してそんな説教をする人もいないでしょうが、なかなか昔の人は気の利いたことをするものだと感心しました。

夫婦にかぎらず、人間はとかく固まりやすく、古びやすいものです。我々が人に接し、事を行なう上において、一番大切で、一番力が豊かに出るのは「己を空しゅうする」ということだと思いますが、小さな意味の利己心、我欲、自我といったものを持つほど早く老います。そうすると、それだけ殻が固くなってしまいます。学問とか信仰とか芸術とか、そういう特殊なものほど、固まりやすく、固陋《ころう》になりやすい。だから、学者は学者くさくなる。歳を取ると年寄りくさくなる。みんな固定して、自由で、生き生きとしたところがなくなってしまうわけです。

そうではなく、常に海老のごとく殻をぬいで、新鮮になる。学問とか道徳、信仰というものは常に新鮮であることが特に必要だと思います。だから、やはり絶えず勉強しなくてはならない、歳を取れば取るほど学ばなくてはならないと考えております。

八十歳までは「夭折」

もう大分前のことですが、私が南京《ナンキン》に参りました時に、向こうの学者やいろいろな識者が一晩集まって十数人で懇談会をやりました。あとで分かったことですが、その中にめずらしく一人の道士がおりました。儒教、仏教、道教が中国の三教で、日本には、儒教、仏教は沢山きておりますが、道教は割合にきておりません。しかし、修験道というのは本体は道教です。その道教の、儒教でいうなら儒者に当たるのが道士です。

その会におられた道士は、上品《じょうぼん》な人で私は歳はまだ七十になるかならないかぐらいに見ておりました。そのうちに、よくある歳の話が出まして、友人の宗教家がその道士と親しい仲とみえまして、うちとけて「あんた、一体、今年、歳いくつになったか」と聞きましたら、「『はんじゅ』でございます」と答えたのです。私も随分本を読んだつもりだったのですが、〝はんじゅ〟というのを知りませんでした。〝はんじゅ〟とはどう書くのかといいますと、半分の寿、「半寿」ということです。人生五十年とすれば、半寿といえば二十五になりますが、その人はいかにも老人なのです。それを「半寿」と言うものですから、「これはおかしいな」と思いました。

その時はまだその人が「道士」ということは知りませんから、私は「これはただの人ではない。儒教にしてはおかしい。お坊さんでもない。しかし、何か宗教的な、あるいは教学か何か学問的なことをやっている人だろう。相当なお歳だと思うのに、いかにも若々しいところがある」と思っていました。それで一人の老人が、正直に、「半寿というのは、一体、いくつですか」と聞きました。そうしたら、その上品な道士の人が、「これは、わが道教のほうでよく使う言葉でございまして、半という字を分解してごらんなさい」。八十一だというのです。

なるほどそうですね。「八十一をもって、半寿となす」と。そうすると、百六十にならないと、全寿にならないわけで、「八十以下で死ぬのを夭死といいます」というわけです。これには驚きました。八十歳を越えないと本当に生きたということにならず、それ以下で死んだのでは、夭折したことになる。「夭死」という。

そうすると、まだ皆さんなどは前途遼遠で、よほど努力しても半分になりません。楽しいといえば、こんなに楽しいことはない。恐いといえば、こんな恐いことはないでしょう。なるほど、教えというものは面白いものだと思いました。私はやっと夭折をまぬがれたばかりで、これから本当に生きなければならないと思っているのです。

悔いのない勉強を

後悔という言葉がありますが、悔いたところで後の祭りで「もう少し若い時にしておかなければならなかった。勉強しておかなければならなかった」ということが、歳を取ってみると際限なく生じてきます。しかし、そういうことに気が付いた時はもう遅いのです。

そこへゆくと、皆さんは非常にお若く、それこそ前途遼遠です。我々は「後途」遼遠でして、なにしろ私はもう八十三になりますが、「八十年も何をしてきたか」と、前途ではなくて、後途を振り返って何とも言えない残念を覚えるのです。皆さん方は、我々の歳になって後悔されないように、今からうんと勉強なさるがよいと、しみじみ心から考えます。歳というものは非常に早くたつものでして、「光陰、矢の如し」と昔からいいますが、本当にうかうかしていると、いつの間にやら皆さんも、私どものような歳になられるわけです。それまでには、何といっても努力が必要ですが、努力といってもなかなか言うべくしてできないものです。

そこで考え合わされることは、さきほど申し上げたように、古人が教えてくれておりますところの「縁」というものであります。「縁」から、すべてが起こってくるのであって、縁が因となって、果を生じる。人間はこの、せっかくの人生のいろいろな因縁から果報を生まなくてはならないのですが、これは、なかなか言うべくして行なわれがたいものです。「因果」という言葉がありますが、これは悪い意味で使いますね。「何の因果で」とか。そのように、とかく人生というものが因果なことになってしまって、せっかくの因縁が果報にならないわけです。

これは、因果という言葉そのものからすれば、迷惑なことで、本来因果というのは原因から結果が生まれるということです。縁から、果を生じる。それから報になり、因・縁・果・報。いいも悪いも、そんなことは何も含んでいないのです。ところが、とかくせっかくの因がいい果を生まない。これは結局、縁に処することが悪い、結縁が悪いわけです。それで、せっかくの縁が果報を生まないのです。

とかく、人間というのは悪い果を生みやすい。果が悪いと、いい報いが出ないわけです。だから因果で終わってしまう。これが仏教哲学の大事なところです。

「縁起」のいい「果報者」に

皆さんがこの塾へ来て、ここにこうして学ばれるということは大変な縁です。さかのぼって言えば、大変な因縁です。大変恵まれた因縁によって、皆さんの生活が起こっている。ですから、この縁起を尊んで、果報を生むように、いい結果、いい報いを生むように、俗に言う、因果なことにならないようにしていただきたい。この原因から、嫌なこと、間違ったことなど、とんでもない結果を生まないようにしていただきたいと思います。

日々をついうかうかと暮らしてしまうということも、因果な話です。因縁から、いろいろなことが起こってきます。それを因果なことにしないで、果報にするように、果報者になられるように、この皆さんの結縁、結ばれた縁をできるだけ活用し、悔いのないように勉強されることが一番大切だと思います。後になって「せっかくの機会に、うかうか暮らしてしまった」というようなことにならないように十分勉強してください。

ここは、いろいろな先生も来られるでしょうし、風光には恵まれているし、いろいろの生活環境にも恵まれておりまするから、この縁、因縁、結縁というものは、どんな果報を生むものか、本当に計り知れないものがあります。せっかくの結縁というものを空しゅうされずに、できるだけ果報を生まれるように、心から期待いたします。

私はもう八十歳を過ぎまして八十三になりましたが、道士の言うように、八十一をもって半寿とすれば、全寿は百六十で、私はまだ半分を二つ越したばかりです。そう考えれば前途遼遠で非常に楽しいことです。物は考えようであり、皆さんが何か人生に困ったなと思われることがあったなら、それは思慮が足らないのです。少し勉強すれば、人生の悩みなどというものは、いくらでも解決することができます。

要は勉強次第です。ところがなかなか、こういうところへ来て自由に勉強をする、思索するというような因縁は与えられない。だから皆さんは、この因縁というものをできるだけ尊重され、空しゅうされないように、せっかくの因縁を俗に言う因果なことにしないで、縁起のいい果報者になられるように期待しております。

政治の根本は「道徳」

最後に、多少学問的な話になりますが、人間の生活とか思想というものには、大きく分けて四つの範疇《はんちゅう》があります。「道・徳・功・力」がそれです。

「道」というのは、自然も人生も含めた存在の法則。これが一番基本的なものです。そして、自然生活から人間生活ができ、人間社会が生まれてくると、その自然の「道」が「徳」になるわけです。

自然の法則は「道」。自然から人間が生まれて、人間の原則は「徳」。自然と人間、道と徳で、「道徳」と言います。だから、道徳というのは、本来、非常に深くて広い意味を持っています。後世になるに従って、道徳というと、我々の考えとか行動を支配する非常に窮屈な原則のようになりましたが、本当の道徳という意味は、人間が存在し、生活する本質的、基本的なものをいうわけです。

そのように、人間が道から徳を持つ存在になって、次にどういうものができてきたかといいますと、正しく治める、つまり広い意味における政治です。昔からの道徳というものとともに、新たに社会生活、人間生活がかたちづくられ、政治というものが生まれてきた。それは、今日でいう政治、経済等々の一分野的なものでなく、もっと根本的な、人間が正しく治まっていくという、原初的、基本的な意味の政治です。これが、人間社会を支配する基本的な力になります。

「道」というものの特色はどういうところにあるかといいますと、物を化していくということです。「道化」。自然の感化力です。それに対して、人間の「徳」の特徴は、人のお手本になることです。従って、人を教える。「徳教」といいます。それが人間社会にあらわれて政治となる。政治が人間を支配するのは「功利」とか「力」による場合が多い。しかし、力でやっていこうとすると、どうしても争いになります。「力争《りょくそう》」です。それで、政治が失われると動乱になるわけです。

そういうことで、「道・徳・功・力」というのが、人間の社会生活、国家生活の四つの基本的範疇です。根本は道徳である。自然に感化する。あるいは教えるということで、化《け》教《きょう》である。それが一番根本で、功利あるいは力で治めていくというのは低い段階です。

これが東洋の政治哲学の基本概念です。

ところが、道徳で治めるというのはなかなか難しいので、ともすれば功利で人間を動かしていく。今でも、あちこちに道をつけたり、鉄道をしいたり、学校をつくるというようなことを政治でやっています。しかし、利がからむと、必ず争いになります。だから、どんな利でも、全くの利というものはない。必ず一方に害があります。そういうことで、功利だけでは人間は治まらないのであって、結局道徳にかえらないと、ほんとうの意味では治まりません。

今の社会は、腕ずくで争う「力争」の時代になってしまっています。これは人間を支配する一番下等なものとされています。それよりはできるだけ「徳教」にしなければなりません。功利から徳教になって、願わくは、それが自然の理法にぴったりかなうようにする。そういうものが東洋の政治哲学ですが、皆さんも今後そうしたことを念頭において勉強をつまれますよう、皆さんの前途を大いに祝福し、かつ期待する次第です。

附・遺墨

彬彬君子《ひんぴんたるくんし》

出典は『論語』雍也《ようや》の「子曰、質勝文則野。文勝質則史。文質彬彬、然後君子」。外面の美しさ「文」と、内面の質朴さ「質」が、ほどよく調和（彬彬）していることが理想であり、洗練された教養・態度と、飾り気のない本性の調和を目指していこうという願いが込められている。この書はかつての日本農士学校校内に掲げられていた。

会輔堂《かいほどう》

出典は『論語』顔淵《がんえん》の「曾子曰、君子以文会友、以友輔仁」。曾子曰く「君子は文を以《もつ》て友を会し、友を以て仁を輔《たす》く」と読むが、「文を以て友を会す」とは、漫然と集まるのではなく、学問の研究のために会合し、学問をもって交友関係を結ぶこと。こうして集まる場所として「堂」をつけ、その実践の場としてかつての日本農士学校校内に実際に掲げられていた。

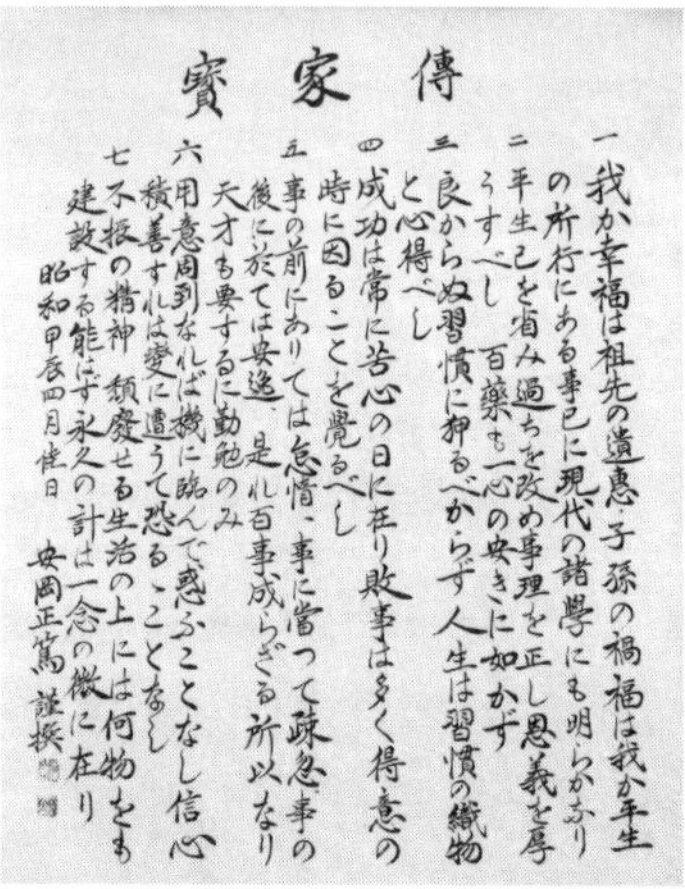

傳家寶

一 我か幸福は祖先の遺恵・子孫の禍福は我か平生の所行にある事已に現代の諸學にも明らかなり
二 平生己を省み過ちを改め事理を正し恩義を厚うすべし 百藥も一心の安きに如かず
三 良からぬ習慣に抑るべからず人生は習慣の織物と心得べし
四 成功は常に苦心の日に在り敗事は多く得意の時に因ることを覺るべし
五 事の前にありては怠惰、事に當つて疎忽、事の後に於ては安逸 是れ百事成らざる所以なり 天才も要するに勤勉のみ
六 用意周到なれば機に臨んで惑ふことなし信心積善すれは變に遭うて恐るゝことなし
七 不振の精神 頽廢せる生活の上には何物をも建設する能はず永久の計は一念の微に在り

昭和甲辰四月佳日 安岡正篤 謹撰

傳家寶

「伝家の宝」と題された各条文は、すなわち「家」に伝える「宝」を示したものであり、ここにも安岡教学の真髄があらわれている。各条は総じて、平生の積み重ねによって得られるものの尊さを伝えているように思われる。昭和甲辰とは昭和39年である。

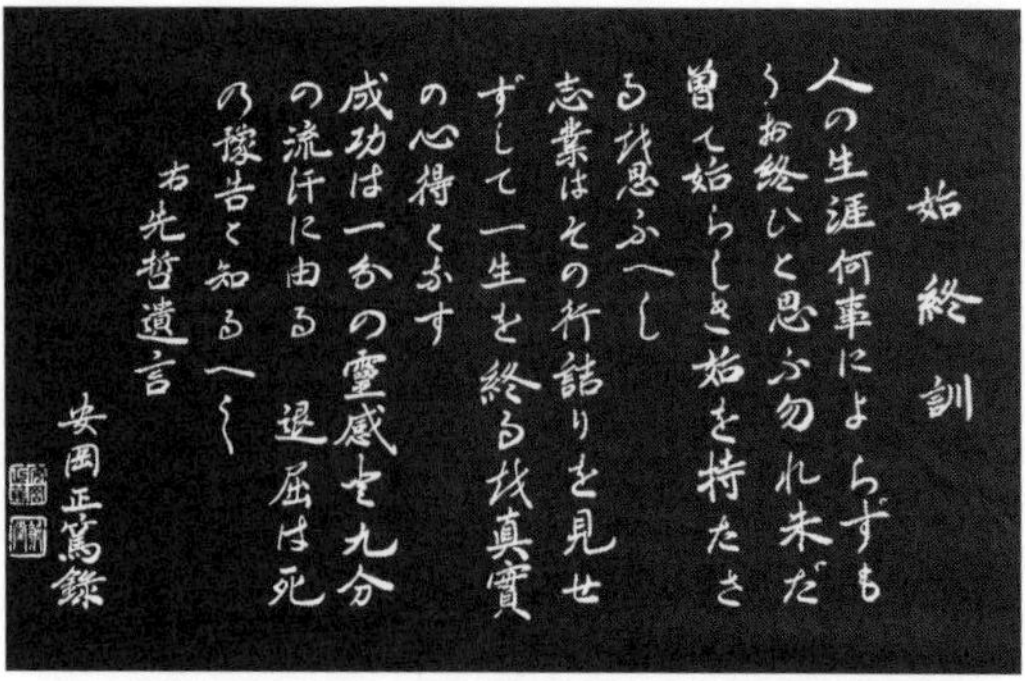

始終訓

人の生涯何事によらずもうお終ひと思ふ勿れ未だ曾て始らしき始を持たさるを思ふへし
志業はその行詰りを見せずして一生を終るを真實の心得となす
成功は一分の霊感と九分の流汗に由る
退屈は死の豫告と知るへし

右先哲遺言

安岡正篤録

始終訓

「昭和50年４月16日　廻向記念」と記されるもので、筆者（安岡正篤）の妻・婦美が没したさいに冥福を祈って作製された品に刷られたものとされる。

鳶飛魚躍

『詩経』大雅旱麓編の詞。解釈は以下のようになる。上には鳶が徐《しず》かに舞って天に戻っているし、下には魚が、深い淵の底に踊って従容としている。道の作用は広大無辺で、天地の間に行き渡り、人々が、日々に為す一片の事は道の外ではないことを、何の遮るものなき天地を鳶の姿によって把握し、同時に道の本体は、容易にうかがうことのできない深さを湛えていることを、魚の淵に潜む姿によって、知るのである（財団法人郷学研修所・安岡正篤記念館による）。

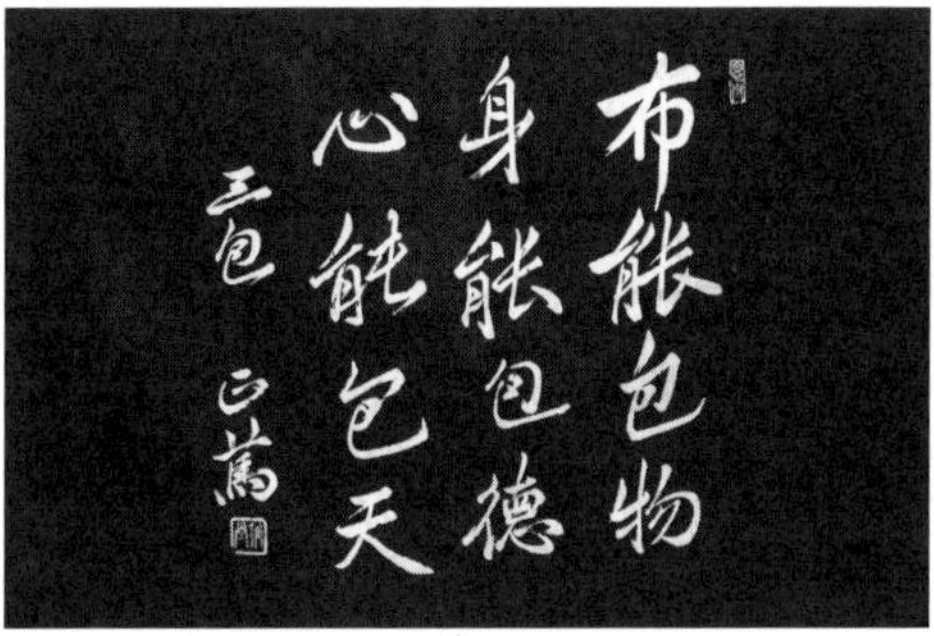

三包

「布能く物を包み、身能く徳を包み、心能く天を包む」。味わい深いこの遺墨は「昭和44年１月26日　成人教學研修所落成記念」の品に刷られたもの。

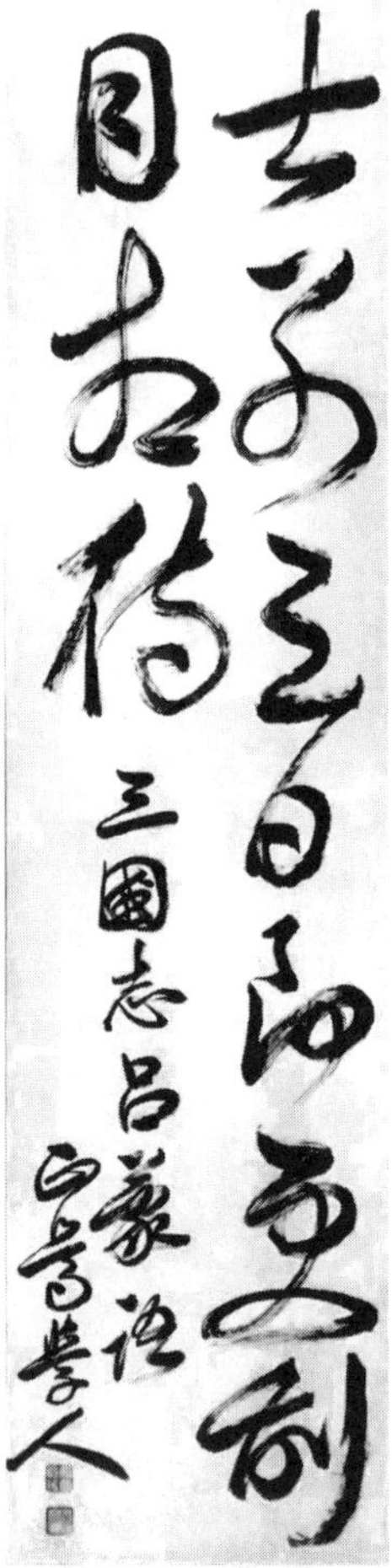

士別三日、即更刮目相待

出典は『十八史略』東漢・献帝、『三国志』呉書・呂蒙《りょもう》伝・注。立派な人物は別れて三日もたてば必ず見違えるほど変わっていることを喩えたものであろう。

初出について

最後尾の◇項は、松下政経塾編『松下政経塾講話録（続）』（ＰＨＰ研究所刊）に収録されたものである。他項はすべて『師と友』（全国師友協会）に掲載されたものであり、それぞれの刊行年月を以下に示した。

肉眼と心眼……………………昭和59年1月
時世と活学……………………昭和51年10月
保守と革新……………………昭和55年2月
日本人の心……………………昭和57年2・3月
切磋琢磨の三原則……………昭和54年10月
運命……………………………昭和56年8月
知識と悟道……………………昭和36年9・10・11月
朋友……………………………昭和38年7月
出処進退………………………昭和44年6月
日用心法………………………昭和54年8月
行動の原理……………………昭和47年5月
人生と信友……………………昭和47年6月
世の頽廃と生の愛惜…………昭和47年7月
天地はわが父母………………昭和47年8月
自然と素心規…………………昭和47年9月
◇縁を尊び、果報を生む…昭和56年2月

〈著者紹介〉

安岡正篤（やすおか・まさひろ）

1898年、大阪府に生まれる。幼少期より四書五経の素読を始め、『大学』などを全て暗誦し、10代ですでに陽明学も学んだという。1922年、東京帝国大学法学部を卒業。その後、「東洋思想研究所」「金雞学院」「日本農士学校」等を設立。1945年の太平洋戦争終戦にあたり、「終戦の詔書」の原案の删修に関わったとされる。戦後は全国師友協会会長や、松下幸之助が創設した松下政経塾相談役もつとめた。思想家・教育者として、さらに日本の復興を支える政財界の精神的支柱として、多くの敬仰者を持ち、歴代総理の指南役ともいわれた。1983年に逝去。著書に『人物を修める』（致知出版社）、『[新装版]運命を開く』（プレジデント社）、『人生と陽明学』『論語に学ぶ』（以上、ＰＨＰ文庫）など多数がある。

[増補新版] 活眼 活学

2020年10月８日　第１版第１刷発行

著者　安岡正篤
発行者　後藤淳一
発行所　株式会社ＰＨＰ研究所
東京本部　〒135-8137　江東区豊洲5-6-52
出版開発部　☎03-3520-9618（編集）
普及部　☎03-3520-9630（販売）
京都本部　〒601-8411　京都市南区西九条北ノ内町11
PHP INTERFACE　https://www.php.co.jp/
組版　朝日メディアインターナショナル株式会社
印刷所
製本所　図書印刷株式会社

ISBN978-4-569-84762-7